CARL JUNG Y EL PODER DE LA SOMBRA

Psicología Junguiana Para Liberar Bloqueos, Sanar Traumas Y Vivir En Plenitud

Una guía práctica para integrar tu inconsciente y transformar tu vida

Adrian Claro

Copyright © 2025 Twilium Publishing LLC

Todos los derechos reservados. Ninguna parte de este libro puede ser reproducida, distribuida o transmitida en cualquier forma o por cualquier medio, incluyendo fotocopiado, grabación u otros métodos electrónicos o mecánicos, sin el permiso previo por escrito del autor, excepto en el caso de breves citas incorporadas en reseñas críticas y ciertos otros usos no comerciales permitidos por la ley de derechos de autor.

Contenido

Introducción: Un Encuentro Necesario 1

Capítulo 1: El Espejo Oscuro - Primera Mirada a Tu Otro Yo 6

Capítulo 2: Jung y el Nacimiento de un Concepto Revolucionario 12

Capítulo 3: Anatomía de la Sombra - Qué Es y Qué No Es 19

Capítulo 4: La Fábrica de Sombras 26

Capítulo 5: La Proyección 34

Capítulo 6: La Sombra Cultural - Los Demonios de Nuestra Época 42

Capítulo 7: El Precio de la Negación - Consecuencias de Ignorar la Sombra 51

Capítulo 8: La Sombra en el Amor - Por Qué Elegimos a Quien Elegimos 60

Capítulo 9: Sombras Generacionales - El Legado Invisible 70

Capítulo 10: La Sombra Colectiva del Trauma - Heridas Compartidas de una Generación 79

Capítulo 11: La Sombra Creativa - El Artista Que No Te Atreves a Ser 83

Capítulo 12: Poder y Sombra - La Corrupción del Alma 92

Capítulo 13: La Sombra del Dinero 102

Capítulo 14: La Sombra Digital - Quién Eres Cuando Nadie Te Ve 106

Capítulo 15: Sombra y Espiritualidad - El Lado Oscuro de la Luz 116

Capítulo 16: La Sombra del Cuerpo y la Muerte - Lo que la Carne Recuerda 125

Capítulo 17: El Encuentro con la Sombra - Señales de que Está Emergiendo 129

Capítulo 18: La Alquimia de la Integración - De Plomo a Oro 139

Capítulo 19: Cartografía Personal - Mapeando Tu Propia Sombra 150

Capítulo 20: El Trabajo con Sueños - Mensajes del Mundo Subterráneo 158

Capítulo 21: Imaginación Activa - Conversaciones con Tu Sombra 163

Capítulo 22: El Espejo Humano - Trabajando con las Proyecciones 168

Capítulo 23: La Sombra Profesional – El Yo que Vendemos 174

Capítulo 24: Movimiento y Cuerpo - La Sombra Somática 179

Capítulo 25: Arte y Creatividad - Expresando lo Inexpresable 185

Capítulo 26: Rituales de Integración - Ceremonias Personales.. 189

Epílogo: El Regreso 193

Introducción: Un Encuentro Necesario

En el verano de 1913, un respetado psiquiatra suizo de treinta y ocho años tomó la decisión más peligrosa de su carrera: abandonar voluntariamente la cordura tal como la entendemos. Carl Gustav Jung, heredero intelectual de Freud y figura prominente del psicoanálisis naciente, se encerró en su estudio para mantener conversaciones con figuras que emergían de su propia psique. No estaba sufriendo un colapso psicótico; estaba cartografiando territorios de la mente humana que nadie en Occidente había explorado sistemáticamente.

Durante esos años de "confrontación con el inconsciente", Jung descubrió algo que cambiaría para siempre nuestra comprensión del alma humana: en cada uno de nosotros habita un extraño familiar, un hermano oscuro que contiene todo aquello que hemos aprendido a rechazar de nosotros mismos. Lo llamó la Sombra, y su descubrimiento no fue meramente académico. Fue el resultado de un descenso personal a los infiernos psíquicos del que emergió transformado, portando mapas para quienes se atrevieran a seguir sus pasos.

Este libro que tienes entre manos no es una biografía de Jung ni un tratado académico sobre sus teorías. Es una invitación al mismo viaje que él emprendió hace más de un siglo, pero traducido al lenguaje y las urgencias de nuestra época digital. Vivimos tiempos donde las máscaras se multiplican exponencialmente —perfiles profesionales pulidos, identidades digitales curadas, personalidades optimizadas para el consumo social— mientras la autenticidad se vuelve cada vez más esquiva. Nunca en la historia humana habíamos tenido tantas formas de escondernos de nosotros mismos.

La Sombra no es simplemente nuestro "lado oscuro". Es el repositorio de todos nuestros potenciales no vividos, tanto luminosos como oscuros. Contiene la agresividad que reprimimos, pero también el genio creativo que enterramos. Alberga la vulnerabilidad que rechazamos, pero también el poder que no nos atrevemos a reclamar. Es, en esencia, todo aquello que podríamos haber sido si las circunstancias, la educación y nuestras propias decisiones no nos hubieran llevado por otros caminos.

El concepto jungiano de la Sombra trasciende el psicoanálisis para tocar algo fundamental en la experiencia humana: la sensación persistente de que no somos todo lo que podríamos ser, de que hay aspectos de nosotros mismos que permanecen inexplorados, de que vivimos vidas parciales en lugar de existencias completas. Esta intuición, que Jung transformó en cartografía psicológica precisa, resuena especialmente en nuestra época de crisis de autenticidad y fragmentación identitaria.

El libro se divide en dos partes complementarias. La primera establece los fundamentos conceptuales, explorando qué es la Sombra, cómo se forma, por qué la proyectamos en otros, y cuál es el precio de negarla. Con un tono que equilibra el rigor psicológico con la accesibilidad contemporánea, estos capítulos revelan cómo operan estos mecanismos en el amor, el poder, la espiritualidad y hasta en nuestras interacciones digitales.

La segunda parte es eminentemente práctica: un manual de trabajo personal que ofrece técnicas concretas para identificar, confrontar e integrar tu propia Sombra. Desde el trabajo con sueños hasta la expresión artística, desde el movimiento corporal hasta los rituales personales, cada capítulo proporciona herramientas específicas para este trabajo de arqueología psíquica.

El viaje que propone este libro no es cómodo. Requiere mirar directamente aquello que hemos pasado la vida evitando. Pero como Jung descubrió en su propio descenso, y como miles han confirmado desde entonces, en el corazón de nuestra oscuridad personal yace nuestro oro más preciado: la totalidad de lo que realmente somos.

Parte 1 – Comprender La Sombra

En esta primera travesía descenderás al territorio cartografiado por Jung durante su confrontación con el inconsciente. Explorarás qué es realmente la Sombra —no el villano interno que imaginas, sino el archivo viviente de tus potenciales no vividos—. Comprenderás cómo se forma desde la infancia, por qué la proyectas obsesivamente en otros, cómo contamina tus relaciones más íntimas. Verás su rostro en el amor, el poder, el dinero, la espiritualidad. Descubrirás que negarla no la elimina; solo la vuelve más destructiva. Este conocimiento teórico es el mapa necesario antes del descenso. Sin él, el encuentro con tu propia oscuridad sería caos sin sentido. Con él, se convierte en iniciación.

Capítulo 1: El Espejo Oscuro - Primera Mirada a Tu Otro Yo

¿Recuerdas la última vez que alguien te irritó sin razón aparente? Quizás fue el colega que habla demasiado alto en las reuniones virtuales, la vecina que exhibe cada detalle de su vida perfecta en las redes sociales, o ese familiar que siempre tiene una opinión sobre cómo deberías vivir tu vida. La irritación surge inmediata, visceral, desproporcionada. Te encuentras pensando en esa persona horas después, ensayando mentalmente conversaciones donde finalmente les dices sus verdades. Pero aquí está el secreto que Carl Jung descubrió hace más de un siglo: lo que más nos molesta en otros es precisamente aquello que no podemos ver o aceptar en nosotros mismos.

Bienvenido al territorio de la Sombra, ese hermano oscuro que todos llevamos dentro y que determina mucho más de nuestra vida de lo que imaginamos. No es el villano de tu historia personal, aunque a veces actúe como tal. Es más bien como el archivo oculto de tu psique, donde se almacena todo aquello que aprendiste a rechazar, esconder o negar desde que eras un niño radiante que no conocía la vergüenza.

Imagina por un momento tu psique como un iceberg flotando en el océano de la consciencia. La punta visible, esa pequeña porción que sobresale del agua, representa todo lo que crees ser: tus valores conscientes, tu personalidad cultivada, la imagen que proyectas profesionalmente y las historias que te cuentas sobre ti mismo antes de dormir. Pero debajo del agua, en la oscuridad fría del océano, existe una masa inmensa de hielo que sostiene todo lo demás. Ahí habita tu Sombra, con sus tesoros enterrados y sus monstruos encadenados.

En 2024, vivimos una crisis de autenticidad sin precedentes. Nunca antes en la historia humana habíamos tenido tantas máscaras disponibles y tan poca conexión con quiénes somos realmente. Creamos identidades digitales, curamos perfiles públicos, optimizamos nuestra imagen profesional, y pulimos currículums hasta que nosotros mismos no reconocemos a la persona descrita. Mientras tanto, la Sombra crece, alimentándose de cada fragmento de nosotros que decidimos que no es suficientemente bueno, suficientemente profesional, suficientemente presentable.

Los algoritmos de las plataformas digitales te conocen mejor que tú mismo, dicen. Y tienen razón, pero no por las razones que crees. Los algoritmos detectan patrones en lo que miras cuando nadie te ve, en los videos que consumes hasta el final a las tres de la mañana, en los comentarios que escribes y luego borras. El algoritmo ve tu Sombra porque rastrea precisamente aquello que no admitirías ni bajo tortura: tus curiosidades prohibidas, tus envidias secretas, tus deseos no confesados. Cada búsqueda en modo privado es un voto de tu Sombra expresándose en el único lugar donde se siente segura.

Pero aquí radica la paradoja moderna: mientras más perfecta intentamos que sea nuestra imagen pública, más poder le damos a nuestra Sombra. Es como intentar mantener una pelota de playa bajo el agua; eventualmente, la presión será demasiada y saldrá disparada hacia la superficie, probablemente golpeándote en la cara en el proceso. Los escándalos de figuras públicas aparentemente intachables, los colapsos nerviosos de personalidades mediáticas perfectas, las crisis existenciales de ejecutivos exitosos, todos son ejemplos de Sombras que finalmente encontraron su camino hacia la luz.

Tu Sombra no es tu enemigo, aunque a veces se comporte como tal. Es más bien como un niño abandonado en el sótano de tu psique, que ha crecido salvaje y extraño en la oscuridad, pero que todavía guarda regalos que dejaste ahí cuando decidiste que ciertas partes de ti no eran aceptables. Tal vez dejaste tu rabia cuando te enseñaron que los niños buenos no se enojan. Quizás enterraste tu sensibilidad cuando el mundo te dijo que llorar era debilidad. Posiblemente escondiste tu genio creativo cuando alguien se rio de tus primeros intentos artísticos.

El trabajo con la Sombra no es un lujo espiritual para quienes tienen tiempo de sobra y dinero para terapia. Es una necesidad urgente en un mundo donde las proyecciones masivas de Sombras colectivas están creando polarizaciones peligrosas. Cuando millones de personas proyectan su Sombra en el "otro" político, racial o ideológico, creamos las condiciones para conflictos que pueden destruir sociedades enteras. La historia está plagada de ejemplos de lo que sucede cuando las Sombras colectivas toman el control.

Este viaje que estamos por emprender juntos no es cómodo. No es el tipo de desarrollo personal que se puede reducir a frases motivacionales vacías. Es descender a tus propias profundidades, armado solo con la linterna de la consciencia, para encontrarte cara a cara con todo lo que has pasado tu vida evitando. Es darte cuenta de que el monstruo que temías en el armario cuando eras niño nunca se fue; simplemente se mudó a tu inconsciente y desde ahí ha estado dirigiendo el espectáculo.

Pero también es el viaje hacia tu oro psicológico. Porque en la Sombra no solo habitan los aspectos "negativos" que rechazaste. También está tu poder no reclamado, tu creatividad reprimida, tu sexualidad auténtica, tu rabia sagrada, tu vulnerabilidad transformadora. Todo aquello que podría hacerte extraordinario pero que aprendiste a esconder porque era demasiado intenso, demasiado diferente, demasiado peligroso para el orden establecido.

El camino hacia la totalidad no pasa por eliminar la Sombra —eso es imposible y además indeseable—. Pasa por conocerla, comprenderla, e integrarla conscientemente en tu vida. Es dejar de ser víctima de tus proyecciones y convertirte en el autor consciente de tu historia completa, con todas sus contradicciones y complejidades. Es, en última instancia, el camino hacia una autenticidad que no necesita filtros ni máscaras, porque ha hecho las paces con la totalidad de lo que es.

Capítulo 2: Jung y el Nacimiento de un Concepto Revolucionario

¿Qué lleva a un hombre respetable, médico psiquiatra de renombre internacional, a encerrarse en su estudio durante años para dibujar mandalas, conversar con figuras imaginarias y escribir en un libro que mantendría oculto durante décadas? ¿Qué clase de tormenta interior debe desatarse para que alguien renuncie voluntariamente a la cordura tal como la entendemos, arriesgándose a perderse para siempre en los laberintos de su propia mente?

Viena, 1913. El mundo psiquiátrico observa atónito mientras dos gigantes del pensamiento se separan definitivamente. No fue una ruptura académica cualquiera; fue el tipo de separación que deja cicatrices en el alma y redefine el curso de disciplinas enteras. Sigmund Freud, el padre del psicoanálisis, y Carl Gustav Jung, su heredero aparente, habían compartido no solo teorías sino también sueños sobre el futuro de la comprensión humana. Pero Jung llevaba dentro una visión que no cabía en el marco freudiano, una visión que lo llevaría a las profundidades más oscuras de su propia psique y cambiaría para siempre nuestra comprensión de la mente humana.

La ruptura comenzó con lo que parecían diferencias teóricas menores. Freud insistía en que todo en el inconsciente podía rastrearse hasta impulsos sexuales reprimidos y traumas infantiles. Para él, el inconsciente era un sótano personal donde escondíamos lo que no podíamos enfrentar. Jung, sin embargo, percibía algo más vasto y antiguo. Durante sus años tratando pacientes en el hospital Burghölzli de Zúrich, había notado patrones que trascendían las historias personales. Pacientes que nunca habían leído mitología describían en sus delirios imágenes que coincidían perfectamente con antiguos textos gnósticos. Esquizofrénicos sin educación formal articulaban símbolos que aparecían en manuscritos alquímicos medievales.

Existe un momento legendario que cristaliza la tensión entre estos dos pioneros. Durante una acalorada discusión sobre la naturaleza del inconsciente, Freud, el inquebrantable patriarca del psicoanálisis, se desmayó. No fue un simple mareo; fue el colapso físico ante la magnitud de lo que Jung proponía. Jung sugería que el inconsciente no era solo un depósito de represiones personales, sino un océano compartido donde nadaban los arquetipos de toda la humanidad. Esta idea era tan radical, tan amenazante para los cimientos del edificio freudiano, que el cuerpo mismo de Freud rechazó procesarla.

Tras la ruptura, Jung entró en lo que él mismo llamaría su "confrontación con el inconsciente". Entre 1913 y 1917, este respetable médico suizo de treinta y ocho años se embarcó en el experimento psicológico más peligroso jamás documentado. Cada tarde, después de atender a sus pacientes, descendía voluntariamente a estados de consciencia alterada. No mediante drogas o técnicas externas, sino a través de lo que él llamaba "imaginación activa", permitiendo que las imágenes del inconsciente emergieran y cobraran vida propia.

Lo que encontró lo aterrorizó y lo fascinó a partes iguales. Figuras arquetípicas comenzaron a visitarlo: Elías, un anciano sabio que luego se transformaría en Filemón, con quien Jung mantenía largas conversaciones filosóficas. Salomé, ciega, representando el aspecto femenino del alma. Y entre todas estas figuras, una presencia oscura que Jung reconoció como fundamental: su propia Sombra, todo aquello que había rechazado de sí mismo para convertirse en el respetable Doctor Jung.

Durante este período, Jung llevó un diario que luego se convertiría en el Libro Rojo, un manuscrito iluminado de 205 páginas que permaneció guardado en una bóveda bancaria suiza durante casi un siglo. En sus páginas, escritas en caligrafía gótica e ilustradas con mandalas de complejidad hipnótica, Jung documentó su descenso al infierno personal y su posterior renacimiento. No era literatura ni ciencia en el sentido convencional; era el mapa de un territorio que ningún explorador occidental había cartografiado antes: el inconsciente vivo, dinámico, poblado de fuerzas que trascienden lo personal.

Fue precisamente en este descenso donde Jung descubrió que la Sombra no era simplemente material reprimido, como habría sugerido Freud. La represión implica algo que una vez fue consciente y luego fue empujado hacia abajo. Pero Jung encontró que la Sombra contenía potenciales que nunca habían visto la luz de la consciencia, capacidades y aspectos del ser que habían sido descartados antes incluso de tener la oportunidad de desarrollarse. Era como si cada elección que hacíamos sobre quiénes ser dejara fantasmas de quiénes podríamos haber sido, y todos esos fantasmas habitaban en la Sombra.

La diferencia fundamental entre la represión freudiana y la Sombra junguiana es como la diferencia entre un armario donde escondemos objetos vergonzosos y un universo paralelo donde viven todas nuestras vidas no vividas. Freud nos enseñó a abrir el armario y enfrentar lo que habíamos escondido. Jung nos mostró que existía todo un cosmos inexplorado dentro de nosotros, y que la Sombra era la puerta de entrada.

Durante sus años de exploración interior, Jung también desarrolló técnicas para trabajar con estos contenidos sin ser abrumado por ellos. Pintaba mandalas cada mañana, observando cómo cambiaban según su estado interior. Esculpía piedras en su propiedad de Bollingen. Construyó una torre con sus propias manos, sin electricidad ni comodidades modernas, como un espacio sagrado para encontrarse con su inconsciente. Estas no eran excentricidades de un académico privilegiado; eran tecnologías de supervivencia psíquica, formas de dar forma y contener las fuerzas tremendas que había despertado.

Lo extraordinario es que Jung emergió de esta crisis no destruido sino transformado, con un mapa del territorio interior que ningún explorador occidental había trazado antes. Había descubierto que enfrentar la Sombra no era opcional para quien quisiera vivir una vida completa; era el precio de entrada a la individuación, el proceso de convertirse en quien uno realmente es. Y este descubrimiento no fue solo personal. Jung había encontrado un principio universal: que cada ser humano lleva dentro de sí no solo su historia personal, sino los ecos de toda la humanidad, y que la Sombra es la llave maestra que abre esa puerta.

El concepto revolucionario de Jung no era solo otra teoría psicológica para debatir en conferencias académicas. Era una tecnología de transformación, una cartografía del alma que mostraba que nuestros demonios personales eran también nuestros maestros más sabios, si teníamos el coraje de mirarlos a los ojos.

Capítulo 3: Anatomía de la Sombra - Qué Es y Qué No Es

La Sombra no es el lado malo. La Sombra no es el demonio interno. La Sombra no es la oscuridad que debes vencer. Si has llegado hasta aquí con cualquiera de estas concepciones, es momento de abandonarlas en la puerta, porque lo que estamos a punto de explorar es infinitamente más complejo, más rico y, paradójicamente, más luminoso que cualquier batalla simplista entre el bien y el mal.

Imaginemos por un momento que tu psique es una casa antigua con muchas habitaciones. El ego consciente habita las estancias principales, aquellas con grandes ventanales por donde entra la luz del día. Son los espacios que muestras a las visitas, decorados según tus gustos actuales, ordenados según tus preferencias conscientes. Pero esta casa tiene también un sótano, un ático, habitaciones cerradas con llave desde hace tanto tiempo que has olvidado qué contienen. La Sombra no es simplemente el sótano oscuro donde guardas lo que no quieres ver. Es toda la arquitectura oculta de la casa: los cimientos que la sostienen, las vigas que no se ven, los espacios entre las paredes donde viven historias que nunca se contaron.

Lo primero que debemos comprender es que la Sombra contiene tanto oro como plomo. Robert Johnson, uno de los más brillantes intérpretes de Jung, lo expresó con claridad meridiana: guardamos en la Sombra no solo lo que consideramos inferior, sino también lo que es demasiado brillante para nuestro autoconcepto actual. El niño que fue ridiculizado por su sensibilidad no solo esconde su vulnerabilidad en la Sombra; también entierra ahí su capacidad para la empatía profunda, su talento para percibir sutilezas emocionales que otros no ven. La niña a quien le dijeron que era demasiado intensa no solo reprime su pasión; también relega a la Sombra su potencial para el liderazgo transformador, su capacidad para mover montañas con su convicción.

Este oro psicológico es quizás el descubrimiento más revolucionario de Jung respecto a la Sombra. No estamos hablando de un basurero psíquico donde tiramos lo que no queremos. Estamos hablando de un tesoro enterrado, un potencial no desarrollado que espera ser reclamado. Cada vez que alguien te dice "no sabía que podías hacer eso" después de años de conocerte, probablemente has sacado algo del oro de tu Sombra. Cada talento tardío, cada capacidad que emerge en crisis, cada fortaleza inesperada que surge cuando más la necesitas, todo eso estaba esperando en la Sombra.

Pero aquí surge una distinción crucial que debemos establecer con precisión quirúrgica: la Sombra no es trauma. El trauma es una herida específica, un evento o serie de eventos que sobrepasaron nuestra capacidad de procesamiento y quedaron congelados en el sistema nervioso. La Sombra, en cambio, es un proceso natural de desarrollo psicológico. Todos tenemos Sombra, hayamos experimentado trauma o no. Un niño criado en el ambiente más amoroso y seguro posible todavía desarrollará una Sombra, porque es imposible desarrollar todas las potencialidades humanas simultáneamente. Elegir ser de una manera implica necesariamente no ser de otras maneras, y todas esas maneras no elegidas van a parar a la Sombra.

La Sombra tampoco es patología, aunque puede contribuir a estados patológicos cuando se la ignora demasiado tiempo. Una persona con trastorno de personalidad narcisista no "tiene mucha Sombra"; tiene una estructura psicológica específica que requiere tratamiento clínico. La Sombra es universal y natural; la patología es específica y requiere intervención profesional. Confundir ambas cosas es tan peligroso como confundir una gripe con una neumonía: parecen similares en superficie, pero requieren aproximaciones completamente diferentes.

Existe también una diferencia fundamental entre la Sombra personal y la Sombra colectiva, aunque ambas se entrelazan de formas complejas. Tu Sombra personal contiene todo lo que tú, como individuo único, has tenido que reprimir o no has podido desarrollar. La Sombra colectiva contiene lo que toda una cultura, una nación, una época histórica ha decidido que es inaceptable. En nuestra época, por ejemplo, la lentitud está en la Sombra colectiva. La contemplación sin propósito. El no estar constantemente optimizando, mejorando, produciendo. Culturas enteras pueden proyectar su Sombra colectiva en otros grupos, creando los cimientos psicológicos para la discriminación, la guerra, el genocidio.

La Sombra personal se forma a través de millones de micro-decisiones que comienzan en la infancia. Cada vez que recibiste aprobación por ser de cierta manera, una parte de ti aprendió que esa era la forma "correcta" de ser, y las alternativas se fueron desvaneciendo en la Sombra. Cada vez que fuiste castigado, ridiculizado o simplemente no visto cuando expresaste cierta cualidad, esa cualidad encontró refugio en la Sombra. Pero aquí está lo fascinante: la Sombra no es pasiva. No es un archivo muerto donde guardamos lo descartado. Es dinámica, activa, está constantemente buscando formas de expresarse.

Cuando proyectas tu Sombra en otros, cuando sientes esa irritación desproporcionada hacia alguien, no es solo que estés viendo en ellos lo que no puedes ver en ti. Es que tu Sombra ha encontrado un gancho perfecto donde colgarse, un espejo donde finalmente puede ser vista, aunque sea en forma distorsionada Cuando la arrogancia ajena provoca una reacción visceral, el espejo psíquico refleja un poder personal que permanece sin reconocer.

La Sombra opera según sus propias leyes, que no son las leyes del ego consciente. No entiende de tiempo lineal; para la Sombra, el rechazo que experimentaste a los cinco años es tan presente como lo que sucedió ayer. No entiende de proporción; puede hacer que reacciones a un comentario casual como si fuera una amenaza existencial. No entiende de contexto; puede emerger en la situación más inapropiada posible, precisamente porque ha estado esperando cualquier grieta en las defensas del ego para manifestarse.

Comprender la anatomía de la Sombra es comprender que no estamos tratando con un enemigo a vencer, sino con un aspecto fundamental de la arquitectura psíquica humana. Es tan necesaria como la consciencia misma. Sin Sombra, seríamos robots ejecutando un programa, no humanos navegando la complejidad de la existencia. La Sombra es lo que hace posible la elección, el crecimiento, la transformación. Es el territorio inexplorado que garantiza que siempre tengamos algo nuevo que descubrir sobre nosotros mismos.

El trabajo no es eliminar la Sombra —eso sería eliminar la mitad de tu humanidad—. El trabajo es conocerla, comprenderla, e integrar conscientemente sus contenidos. Es descubrir que el monstruo en el sótano era en realidad un niño asustado con dones extraordinarios. Es darse cuenta de que la oscuridad que temías era el útero de tu próximo renacimiento.

Capítulo 4: La Fábrica de Sombras

¿Dónde estabas cuando aprendiste por primera vez a esconder tu rabia? ¿Recuerdas el momento exacto en que tu madre frunció el ceño ante tu explosión de furia y te enseñó, sin palabras, que ciertos sentimientos debían desaparecer? Quizás fue antes, mucho antes de que pudieras formar recuerdos conscientes, cuando el llanto nocturno se encontró con el silencio y aprendiste que algunas necesidades no serían atendidas.

El ser humano nace completo, radiante, con 360 grados de potencial humano. El infante no conoce la vergüenza de su cuerpo desnudo, no reprime su rabia cuando tiene hambre, no oculta su placer al descubrir el mundo. Es pura expresión, pura vida, puro ser. Sin embargo, este estado paradisíaco tiene fecha de caducidad, y el reloj comienza su cuenta regresiva desde el primer aliento.

La familia funciona como el primer taller donde se forja la máscara social. Los padres, sin saberlo, actúan como escultores que cincelan el mármol bruto de la personalidad infantil, eliminando lo que consideran excesos, puliendo asperezas, creando una forma que encaje en el molde social que ellos mismos heredaron. No es crueldad consciente; es supervivencia transgeneracional. Los padres que alguna vez fueron niños radiantes y completos ahora transmiten las mismas restricciones que los domesticaron.

Los mensajes llegan de mil formas. "Los niños valientes no lloran." Una simple frase que relega toda una dimensión emocional al sótano del inconsciente. "Las niñas buenas no se enfadan." Y así, la rabia femenina se convierte en algo monstruoso que debe ocultarse a cualquier precio. "En esta familia no somos artistas, somos gente práctica." El pincel cae de la mano infantil y con él, quizás, una vida entera de expresión creativa.

Pero los mensajes más potentes ni siquiera necesitan palabras. El niño que observa cómo su padre tensa la mandíbula cuando siente miedo aprende que los hombres no pueden mostrar vulnerabilidad. La niña que ve a su madre sonreír cuando quiere llorar comprende que la tristeza debe disfrazarse. El silencio incómodo cuando el pequeño hace preguntas sobre el cuerpo, el sexo o la muerte enseña que hay territorios prohibidos en el mapa de la experiencia humana.

Este proceso de escisión psicológica es tan sutil como devastador. El niño, cuya supervivencia depende absolutamente del amor parental, percibe con una precisión casi sobrenatural qué partes de sí mismo son aceptables y cuáles no. Es una inteligencia primitiva, preverbal, que opera desde el sistema nervioso mismo. Antes de poder articular pensamientos complejos, el infante ya ha comenzado a enterrar aspectos enteros de su ser en lo que Jung llamaría la Sombra.

Alice Miller, la psicoanalista suiza que dedicó su vida a exponer las heridas invisibles de la infancia, lo describió como "el drama del niño dotado". Este drama comienza cuando el pequeño ser, en su magnificencia original, ofrece su totalidad a los padres como un regalo. Pero los padres, prisioneros de sus propias sombras no integradas, solo pueden aceptar una versión editada, censurada, de ese regalo. Rechazan lo que en ellos mismos fue rechazado. Temen lo que en ellos mismos fue temido.

El niño entonces enfrenta un dilema existencial: ser auténtico y arriesgar el abandono, o traicionarse a sí mismo para asegurar el amor. La elección, si es que puede llamarse elección cuando la supervivencia está en juego, es obvia. El niño comienza a fabricar una personalidad alternativa, una versión aceptable de sí mismo. Es el nacimiento del ego social, esa construcción que presentamos al mundo mientras nuestra verdadera naturaleza permanece oculta en las catacumbas del inconsciente.

Consideremos el caso del niño artista que se convierte en contador. No es simplemente que eligió una profesión práctica sobre una creativa. Es que toda su capacidad de soñar, de imaginar, de crear belleza desde la nada, fue sistemáticamente desmantelada pieza por pieza. "Deja de soñar despierto y presta atención." "El arte no paga las cuentas." "En el mundo real, necesitas ser práctico." Cada mensaje es un clavo más en el ataúd de su creatividad. Para cuando alcanza la edad adulta, ha olvidado que alguna vez supo volar.

O pensemos en la niña asertiva que aprende a callar. Quizás fue elogiada cuando era dulce y castigada cuando era feroz. Quizás vio cómo su madre era ridiculizada por expresar opiniones fuertes. Quizás su padre solo le prestaba atención cuando era frágil y necesitaba protección. Mensaje tras mensaje, gesto tras gesto, su fuego interior fue sofocado hasta convertirse en cenizas. Décadas después, sentada en una sala de juntas, siente que algo en su garganta quiere hablar, pero las palabras mueren antes de nacer.

El proceso es especialmente cruel porque ocurre cuando somos más vulnerables, más maleables, más dependientes. El cerebro infantil, en su plasticidad milagrosa, se adapta a las demandas del entorno con una eficiencia que roza lo trágico. Las conexiones neuronales que no se utilizan se podan. Los caminos hacia ciertas experiencias y expresiones se cierran, quizás para siempre. La neurociencia moderna confirma lo que Jung intuía: lo que no se ejercita en la infancia se atrofia.

Pero aquí radica el misterio más profundo de la Sombra: nada se pierde realmente. Todo lo rechazado, negado, reprimido, simplemente se retira a las profundidades. Como semillas enterradas en el permafrost psíquico, estas partes de nosotros esperan. Esperan el momento adecuado, la crisis adecuada, el despertar adecuado, para germinar nuevamente. La Sombra no es un basurero; es un banco de semillas. No es un cementerio; es un jardín dormido esperando la primavera.

La familia, entonces, no es la villana de esta historia, sino el primer escenario donde se representa el drama humano universal del devenir social. Los padres, atrapados en sus propias sombras, hacen lo mejor que pueden con las herramientas psicológicas que heredaron. Es una cadena de transmisión que se remonta a los albores de la civilización, cada generación pasando sus heridas no sanadas a la siguiente, junto con los regalos de la supervivencia y la pertenencia.

El despertar a esta realidad puede ser doloroso, incluso devastador. Darse cuenta de que hemos vivido una vida parcial, que hemos funcionado con una fracción de nuestro potencial, que hemos rechazado tesoros propios por miedo al rechazo ajeno. Pero este dolor es el primer paso hacia la recuperación. Como dice el proverbio sufí: "Cuando el corazón llora por lo que ha perdido, el espíritu ríe por lo que ha encontrado."

La fábrica de sombras nunca cierra. Cada interacción social, cada expectativa cultural, cada norma no escrita añade otra capa al edificio de nuestra personalidad aceptable. Pero ahora, como adultos conscientes, tenemos algo que el niño no tenía: la capacidad de cuestionar, de explorar, de recuperar. Podemos convertirnos en arqueólogos de nuestra propia psique, excavando cuidadosamente las capas de condicionamiento para redescubrir los tesoros enterrados de nuestro ser original.

El trabajo no es destruir la Sombra o eliminar el condicionamiento. Es reconocerlo, comprenderlo, e integrar conscientemente lo que fue inconscientemente rechazado. Es aprender a sostener la paradoja de ser simultáneamente un ser social y un individuo único, de necesitar pertenecer y necesitar ser auténtico, de honrar nuestras raíces mientras crecemos más allá de ellas.

En el corazón de este proceso está el duelo. Duelo por el niño que nunca pudo ser completamente él mismo. Duelo por los padres que nunca pudieron aceptarnos completamente.

Duelo por todas las vidas no vividas, los caminos no tomados, las palabras no dichas. Solo a través de este duelo podemos llegar a la aceptación, y solo a través de la aceptación podemos llegar a la transformación. La fábrica de sombras que una vez nos disminuyó puede convertirse en el crisol donde forjamos nuestra totalidad recuperada.

Capítulo 5: La Proyección

Hay un experimento cruel que cualquiera puede hacer consigo mismo. Toma papel y lápiz. Piensa en la persona que más te irrite en este momento de tu vida. Puede ser un compañero de trabajo, un familiar, una figura pública, alguien en las redes sociales. Ahora escribe, con la mayor precisión posible, qué es exactamente lo que te molesta de esa persona. Sé específico. Sé despiadado. No te contengas.

¿Ya lo tienes? Ahora viene la parte cruel: acabas de escribir tu autobiografía secreta.

Marie-Louise von Franz, discípula de Jung que dedicó su vida a explorar la psique a través de los cuentos de hadas, se preguntaba por qué la proyección había adquirido una connotación tan negativa entre los propios junguianos. Tenía razón en su perplejidad. La proyección no es simplemente un mecanismo defensivo; es el modo fundamental mediante el cual el psiquismo se relaciona con el mundo. Sin la capacidad de proyectar, no podríamos enamorarnos, no podríamos crear arte, no podríamos siquiera desarrollar empatía. El problema no es la proyección en sí, sino nuestra inconsciencia sobre ella.

Consideremos la analogía del proyector cinematográfico. Durante décadas, quizás desde la infancia, hemos estado enrollando película en latas oscuras. Cada aspecto rechazado, cada cualidad negada, cada potencial no desarrollado se convierte en un fotograma en esa película interna. Luego, una noche cualquiera, mientras navegamos por Instagram o cenamos con la familia, alguien dice o hace algo que activa el proyector. De repente, esa persona se convierte en una pantalla gigante donde se proyecta nuestra película interior. La imagen es tan grande, tan vívida, tan real, que no podemos apartar los ojos de ella.

El caso de Betty y Jill que encontramos en los archivos junguianos es paradigmático. En un grupo de diez amigas, nueve apreciaban a Jill, pero Betty la odiaba con una intensidad que rozaba lo patológico. La acusaba de mojigata, de remilgada, de falsa moralista. Intentaba convencer a las demás, pero nadie veía lo que Betty veía. La razón era simple y devastadora: Betty estaba proyectando su propia mojigatería reprimida, su propio puritanismo negado, sobre Jill. El conflicto no era entre Betty y Jill; era entre Betty y Betty.

Pero aquí hay un matiz que frecuentemente se pasa por alto: la proyección necesita un gancho. Jill probablemente tenía algún grado de formalidad o reserva que servía como percha donde Betty podía colgar su proyección. Los "ganchos" son reales; lo que proyectamos sobre ellos es desproporcionado. Es la diferencia entre notar que alguien es ordenado y sentir una rabia visceral ante su orden porque nos recuerda nuestro caos interno negado.

La neurociencia ha revelado algo fascinante sobre estos ganchos: cuando algo nos afecta desproporcionadamente, se activan las mismas regiones cerebrales que procesan el dolor físico. Literalmente duele ver en otros lo que no podemos aceptar en nosotros mismos. Por eso la proyección viene acompañada de una carga emocional tan intensa. No es información; es inflamación psíquica.

Ahora llevemos este mecanismo al teatro digital del siglo XXI. Las redes sociales han creado un laboratorio perfecto para observar la proyección a escala masiva. Cada troll, cada hater, cada justiciero digital está proyectando aspectos de su sombra sobre avatares que ni siquiera representan personas completas. El anonimato relativo y la distancia física eliminan las barreras naturales que normalmente moderarían estas proyecciones.

Observa el fenómeno del "hate-watching" (ver contenidos, como series de televisión, con la sola intención de criticarlas): millones de personas consumen obsesivamente contenido de figuras que desprecian. Pasan horas viendo videos, leyendo publicaciones, comentando con furia sobre personas que supuestamente les disgustan. ¿Por qué dedicar tanto tiempo y energía emocional a algo que se rechaza? Porque en realidad no están viendo a otro; están viendo su sombra en alta definición.

El mecanismo se vuelve aún más complejo cuando consideramos las proyecciones positivas, lo que Jung llamaba "proyectar oro". Cuando idealizamos a alguien, cuando los convertimos en héroes o gurús, también estamos proyectando, pero esta vez son nuestros potenciales no desarrollados, nuestros talentos enterrados, nuestra grandeza negada. El fan obsesivo y el hater rabioso están haciendo exactamente lo mismo: usando a otro como pantalla para su material psíquico no integrado.

Existe una prueba infalible para identificar cuando estamos proyectando. Si algo nos informa, probablemente no hay proyección. Puedo saber que alguien es impuntual sin que me afecte emocionalmente. Pero si la impuntualidad de esa persona me genera una rabia desproporcionada, si paso horas rumiando sobre ella, si siento que su impuntualidad es un ataque personal, entonces estoy proyectando. La intensidad emocional es el delator.

El matrimonio, esa institución donde dos sombras acuerdan vivir juntas sin saber lo que están firmando, es el campo de batalla supremo de las proyecciones mutuas. Los terapeutas de pareja observan un patrón universal: las cualidades que inicialmente nos atraen de nuestra pareja son exactamente las que después nos vuelven locos. El hombre que se enamoró de la espontaneidad de ella después la acusa de ser caótica. La mujer que adoraba la estabilidad de él luego lo encuentra aburrido hasta la desesperación.

Los Bretts, una pareja que aparece en los estudios de caso, lo ilustran perfectamente. Tom se describía como racional y reservado; Laura como emocional y expresiva. Parecían opuestos perfectos. Pero en terapia emergió la verdad: Tom había proyectado toda su emotividad en Laura, mientras ella había proyectado toda su racionalidad en él. Cada uno vivía solo la mitad de sí mismo, usando al otro como contenedor para la mitad rechazada.

Este mecanismo, que los psicólogos llaman "identificación proyectiva", es aún más retorcido de lo que parece. No solo proyectamos aspectos de nosotros mismos en el otro; inconscientemente manipulamos al otro para que actúe según nuestra proyección. El marido que niega su propia ira provoca sutilmente a su esposa hasta que ella explota, confirmando así que "ella es la agresiva". La esposa que rechaza su propia vulnerabilidad infantiliza a su marido hasta que él se vuelve dependiente, probando que "él es el débil".

El proceso de retirar proyecciones es uno de los trabajos psicológicos más difíciles y liberadores que existen. Requiere un giro de 180 grados en la percepción. "El mundo me rechaza" se convierte en "Yo rechazo al mundo". "Mi jefe me presiona" se transforma en "Me presiono a mí mismo". "Nadie me entiende" muta en "No me entiendo a mí mismo".

Pero aquí hay algo hermoso y terrible: no podemos simplemente decidir dejar de proyectar. La proyección es involuntaria, automática, instantánea. Lo que sí podemos hacer es volvernos conscientes de nuestras proyecciones después del hecho, observar los patrones, identificar los ganchos recurrentes. Con el tiempo, el espacio entre la proyección y la consciencia de la proyección se reduce. Nunca desaparece completamente, pero podemos aprender a decir: "Ah, aquí estoy otra vez, viendo mi propia película".

Jung tenía una técnica brillante que recomendaba a sus pacientes. Cuando sientas una aversión intensa hacia alguien, imagina que esa persona es un mensajero enviado por los dioses específicamente para mostrarte algo sobre ti mismo que necesitas ver. ¿Qué mensaje trae? ¿Qué cualidad rechazada está tratando de devolverte? ¿Qué parte de tu totalidad has exiliado y ahora regresa disfrazada de enemigo?

El trabajo no es eliminar las proyecciones —eso sería como intentar no tener sombra al mediodía— sino reconocerlas, reclamarlas, reintegrarlas. Cada proyección retirada es un fragmento de alma recuperado. Cada enemigo desenmascarado como aspecto propio es un paso hacia la totalidad.

En nuestra época de polarización extrema, donde las proyecciones colectivas amenazan con destruir el tejido social, este trabajo individual adquiere una urgencia política. Cada persona que retira sus proyecciones contribuye a reducir la carga de hostilidad flotante en el campo colectivo. Es un acto de servicio público disfrazado de trabajo interior.

La paradoja final de la proyección es esta: solo cuando aceptamos que el otro es realmente otro, separado y diferente de nosotros, podemos dejar de usarlo como pantalla para nuestro cine interior. Y solo cuando dejamos de proyectar podemos realmente ver al otro, conocer al otro, amar al otro. La proyección, en última instancia, es soledad disfrazada de relación. Su retirada es el comienzo del encuentro genuino.

Capítulo 6: La Sombra Cultural - Los Demonios de Nuestra Época

Toda civilización manufactura sus propios demonios. Los esculpe con el cincel de sus prohibiciones, los moldea con la arcilla de sus aspiraciones frustradas, los alimenta con el combustible de sus contradicciones irresueltas. Cada época histórica produce una constelación particular de sombras colectivas que flotan sobre la sociedad como nubes tóxicas invisibles, infiltrándose en cada psiquismo individual, dictando silenciosamente qué aspectos del ser humano deben ser celebrados y cuáles deben ser enterrados en las catacumbas del inconsciente colectivo.

Nuestra época, este extraño momento histórico donde el capitalismo tardío se encuentra con la revolución digital, ha generado una colección particularmente perversa de sombras culturales. Vivimos en una civilización que simultáneamente glorifica el éxito material mientras condena la ambición como vulgar, que predica la autenticidad mientras perfecciona el arte del simulacro, que celebra la diversidad mientras impone una homogeneización sin precedentes del pensamiento permitido.

La sombra del éxito en el capitalismo tardío opera como una máquina trituradora de almas. Por un lado, la cultura nos bombardea con el imperativo de triunfar, de convertirnos en emprendedores de nosotros mismos, de monetizar cada pasión, de transformar cada talento en capital. El fracaso económico se ha convertido en el pecado imperdonable de nuestra era. Quien no logra el éxito material es visto como portador de una falla moral fundamental: pereza, estupidez, falta de visión. La pobreza ya no es una circunstancia; es un defecto de carácter.

Pero aquí opera la paradoja de la sombra cultural: simultáneamente, despreciamos al exitoso. Lo acusamos de avaricia, de haber vendido su alma, de carecer de profundidad espiritual. El millonario es automáticamente sospechoso de corrupción moral. El empresario exitoso debe disfrazar su ambición con discursos sobre "cambiar el mundo" o "hacer lo que ama". La ambición desnuda, el deseo franco de poder y riqueza, debe ocultarse tras máscaras de altruismo corporativo.

Esta esquizofrenia cultural genera una sombra masiva en la psique colectiva. Millones de personas viven desgarradas entre el mandato de triunfar y la vergüenza del deseo de triunfo. Proyectan su ambición reprimida sobre los "vendidos" mientras secretamente los envidian. Proyectan su fracaso temido sobre los "perdedores" mientras internamente se identifican con ellos. El resultado es una sociedad de individuos perpetuamente insatisfechos, incapaces de reconciliarse con su deseo legítimo de prosperidad ni con su igualmente legítima necesidad de significado más allá del dinero.

La vulnerabilidad se ha convertido en otra sombra paradójica de nuestra cultura. Durante milenios, la fortaleza emocional fue valorada como virtud cardinal. Mostrar debilidad equivalía a invitar la destrucción. Pero en las últimas décadas, particularmente en ciertos círculos progresistas, la vulnerabilidad se ha transformado en moneda social. Compartir traumas en las redes sociales genera capital simbólico. La confesión pública de heridas emocionales se ha vuelto obligatoria para demostrar autenticidad.

Sin embargo, bajo esta aparente celebración de la vulnerabilidad, la cultura mantiene su antiguo desprecio por la debilidad. La vulnerabilidad performática es recompensada; la vulnerabilidad real es castigada. Puedes hablar de tu ansiedad en Instagram, pero no puedes mostrarla en una entrevista de trabajo. Puedes escribir sobre tu depresión en un blog, pero no puedes dejar que afecte tu productividad. La vulnerabilidad se ha convertido en otro producto que debe ser empaquetado, comercializado y consumido, mientras la verdadera fragilidad humana permanece en las sombras.

El fenómeno de la "cultura de la cancelación" representa quizá la manifestación más virulenta de proyección colectiva en nuestra era. Masas digitales se congregan para destruir a individuos que han transgredido códigos morales en constante mutación. Pero observa la ferocidad del ataque, la sed de sangre apenas disimulada, el placer sádico en la destrucción del otro. Lo que presenciamos no es justicia sino proyección masiva de sombras colectivas.

Cada pecado que la turba detecta en el cancelado es un pecado que la turba no puede reconocer en sí misma. El racista público carga con el racismo secreto de miles. El acosador expuesto absorbe la misoginia reprimida de la multitud. El privilegiado insensible se convierte en receptáculo de la culpa de clase no procesada de sus acusadores. La violencia del ataque delata la magnitud de la proyección: cuanto más salvaje la cancelación, más profunda la sombra proyectada.

El alarde de virtud—esa exhibición compulsiva de rectitud moral en espacios públicos— funciona como el mecanismo complementario. Si la cancelación es la proyección de la sombra sobre el otro, la señalización de virtud es el intento desesperado de proyectar solo luz sobre uno mismo. Cada proclamación de pureza moral, cada demostración pública de las credenciales progresistas correctas, cada condenación ostentosa del pecador del día, es un intento de mantener la sombra propia oculta, de convencer al mundo (y a uno mismo) de que uno pertenece al lado luminoso de la división moral.

Pero la sombra no puede ser erradicada mediante proclamaciones. Mientras más fuerte alguien señaliza su virtud, más profunda suele ser la sombra que intenta ocultar. El activista que más violentamente condena el racismo ajeno puede estar luchando con su propio racismo internalizado. El feminista más vocal puede estar reprimiendo impulsos misóginos. La pureza moral exhibida es inversamente proporcional a la pureza moral real, porque quien ha integrado su sombra no necesita proclamar su bondad; simplemente la vive.

Las sombras culturales de nuestra época se entrelazan con las tecnologías que hemos creado. Las redes sociales funcionan como amplificadores de sombras, creando cámaras de eco donde las proyecciones se refuerzan mutuamente hasta alcanzar proporciones delirantes. Los algoritmos, diseñados para maximizar las interacciones, favorecen el contenido que provoca las reacciones más intensas: precisamente el contenido que toca nuestras sombras más profundas.

La cultura del consumo genera su propia constelación de sombras. Vivimos en una civilización que nos dice que la felicidad puede comprarse, que cada problema tiene una solución comercial, que cada vacío existencial puede llenarse con el producto correcto. Pero simultáneamente despreciamos el consumismo como superficial y vacío. Proyectamos nuestra propia vaciedad sobre los "consumistas sin control" mientras llenamos compulsivamente nuestros carritos de compra online. Condenamos el materialismo mientras acumulamos objetos que prometen completarnos.

La sombra ecológica de nuestra civilización alcanza proporciones apocalípticas. Sabemos que nuestro estilo de vida destruye el planeta, pero no podemos enfrentar la magnitud de nuestra complicidad. Entonces proyectamos la culpa sobre las corporaciones, los políticos, otros países, otras generaciones. "Son ellos quienes destruyen el mundo", decimos mientras conducimos nuestros automóviles, consumimos productos desechables, mantenemos estilos de vida insostenibles. La sombra ecológica es tan vasta que amenaza con tragarnos si la miramos directamente, entonces miramos hacia otro lado y señalamos con el dedo.

Las sombras culturales no son meras abstracciones sociológicas; se incrustan en cada psiquismo individual, moldeando desde el nacimiento qué aspectos de nosotros mismos son aceptables y cuáles deben ser reprimidos. El niño aprende rápidamente qué emociones, deseos e impulsos son celebrados por su cultura y cuáles son castigados. La sombra individual se forma en diálogo constante con las sombras culturales de su época.

Un niño nacido en nuestra era aprende que debe ser simultáneamente excepcional y humilde, auténtico y comercializable, vulnerable y productivo, consciente y consumidor. Las contradicciones irreconciliables de la cultura se convierten en contradicciones irreconciliables del psiquismo. La sombra personal se entrelaza inextricablemente con la sombra colectiva, hasta que resulta imposible distinguir dónde termina una y comienza la otra.

La integración de la sombra en nuestra época requiere no solo un trabajo psicológico individual sino también una confrontación con las sombras culturales que nos rodean. Debemos reconocer cómo las contradicciones de nuestra civilización se han instalado en nuestro interior, cómo hemos internalizado tanto los mandatos como las prohibiciones, tanto las glorificaciones como las condenas.

Solo cuando reconozcamos que los demonios que vemos en la cultura son también nuestros demonios internos, que las hipocresías que condenamos en la sociedad viven también en nosotros, que las sombras colectivas son agregados de sombras individuales incluyendo la nuestra, solo entonces podremos comenzar el trabajo real de integración. No se trata de transcender la cultura sino de reconocer cómo la cultura vive en nosotros, con todas sus luces y todas sus sombras, y desde esa honestidad brutal, comenzar la lenta alquimia de la transformación.

Capítulo 7: El Precio de la Negación - Consecuencias de Ignorar la Sombra

El cuerpo nunca miente. Mientras la mente fabrica elaboradas ficciones, construye murallas de negación, teje narrativas consoladoras que nos permiten mantener intacta la imagen que tenemos de nosotros mismos, el cuerpo registra con precisión implacable cada fragmento de verdad reprimida. Cada emoción no expresada, cada impulso sofocado, cada aspecto rechazado del ser encuentra su camino hacia la carne, donde se instala como tensión crónica, dolor inexplicable, enfermedad misteriosa. La sombra no reconocida no desaparece; migra hacia el soma, transformándose en síntoma.

Wilhelm Reich, pionero en comprender esta migración de lo psíquico hacia lo corporal, describió cómo construimos corazas musculares para protegernos de los impulsos vitales que consideramos inaceptables. Estas corazas no son metáforas poéticas sino realidades físicas palpables: hombros perpetuamente elevados que cargan con responsabilidades no asumidas, mandíbulas apretadas que contienen palabras jamás pronunciadas, vientres contraídos que retienen emociones consideradas peligrosas. El cuerpo se convierte en un mapa topográfico de la sombra, cada contractura una historia no contada, cada dolor crónico un grito silenciado.

Observa al ejecutivo con úlcera sangrante que insiste en que adora su trabajo mientras su estómago se devora a sí mismo con la acidez de la ambición no reconocida y el resentimiento reprimido. Contempla a la mujer con migrañas incapacitantes que sonríe perpetuamente mientras niega la rabia volcánica que hierve bajo su fachada de dulzura. El adolescente con asma que no puede respirar literalmente bajo el peso de expectativas familiares que no se atreve a cuestionar. Cada síntoma físico es un mensaje del inconsciente, una carta urgente de la sombra que el ego se niega a abrir.

La medicina moderna, en su obsesión por el síntoma aislado, raramente pregunta qué está intentando decir el cuerpo. Se medica la depresión sin explorar qué vida no vivida llora el alma. Se opera el tumor sin investigar qué crecimiento psíquico fue bloqueado hasta manifestarse como crecimiento celular descontrolado. Se suprime el dolor sin escuchar su mensaje. Pero el cuerpo insiste, y si un canal de expresión es bloqueado, la sombra encuentra otro. La migraña suprimida se transforma en insomnio. El insomnio medicado emerge como crisis de pánico. El pánico controlado se convierte en enfermedad autoinmune. El cuerpo no cesará hasta que su mensaje sea escuchado.

Las relaciones humanas constituyen otro escenario donde el precio de negar la sombra se paga con intereses compuestos. Atraemos magnéticamente a quienes portan nuestra sombra no integrada, estableciendo vínculos que parecen destinados a la destrucción mutua. La persona que ha enterrado su agresividad se empareja invariablemente con alguien explosivo. Quien rechaza su vulnerabilidad atrae a parejas necesitadas y dependientes. El que niega su sexualidad se encuentra con personas hipersexualizadas. No es casualidad ni mala suerte; es la precisión matemática del inconsciente buscando completarse a través del otro.

Estas relaciones de sombra siguen un patrón predecible. Primero, la fascinación: el otro parece poseer exactamente lo que nos falta. Luego, la irritación creciente: esas mismas cualidades comienzan a molestarnos. Finalmente, el conflicto abierto: odiamos en el otro lo que no podemos aceptar en nosotros. La relación se convierte en un campo de batalla donde cada uno lucha contra su propia sombra proyectada en el rostro del amado. El divorcio no resuelve nada; simplemente encontramos otra pantalla para la misma proyección.

La crisis de mediana edad representa el momento en que la sombra, cansada de décadas de negación, organiza un golpe de estado psíquico. Todo lo que fue sacrificado en el altar del éxito, la respetabilidad, la adaptación social, regresa con fuerza vengativa. El banquero conservador se encuentra súbitamente obsesionado con comprar una motocicleta y recorrer el continente. La madre abnegada descubre un deseo ardiente de abandonar a su familia y convertirse en artista. El profesor respetable se enamora perdidamente de una alumna que tiene la edad de su hija.

Estos no son caprichos seniles ni locuras temporales. Son irrupciones de la sombra que reclama su lugar en la vida antes de que sea demasiado tarde. La primera mitad de la vida la dedicamos a construir una persona, una máscara social funcional. La segunda mitad nos confronta con todo lo que esa máscara dejó fuera. Si no atendemos conscientemente este llamado, la sombra organizará circunstancias cada vez más dramáticas para forzar el encuentro: accidentes, enfermedades, pérdidas súbitas, todo aquello que destruya la ilusión de control y nos obligue a mirar hacia la oscuridad.

La historia está plagada de líderes que cayeron precisamente por negar su sombra. Nixon, obsesionado con proyectar una imagen de integridad, fue destruido por la paranoia y la deshonestidad que no podía reconocer en sí mismo. Los telepredicadores que condenaban vehementemente la lujuria mientras mantenían aventuras secretas. Los políticos anticorrupción descubiertos con millones en cuentas offshore. Cuanto más violentamente alguien condena algo en el exterior, más probable es que ese algo viva reprimido en su interior.

El fenómeno es particularmente visible en figuras religiosas y espirituales. Aquellos que se presentan como encarnaciones de la luz pura proyectan las sombras más oscuras. Los gurús que predican el desapego mientras acumulan fortunas. Los maestros de la compasión que abusan psicológicamente de sus discípulos. Los célibes sagrados con historias ocultas de depredación sexual. La negación de la sombra en nombre de la espiritualidad no produce santos; produce monstruos disfrazados de santidad.

La inflación del ego representa quizá la consecuencia más peligrosa de creer que somos solo luz. Cuando alguien se identifica exclusivamente con sus aspectos positivos, cuando cree haber trascendido la oscuridad humana, cuando se considera moralmente superior al resto, ha entrado en un estado de inflación psíquica que precede invariablemente a una caída catastrófica. Es el ejecutivo que se cree intocable antes del escándalo. El artista que se considera genio antes del bloqueo creativo total. El terapeuta que se cree sanador infalible antes de su propio colapso psíquico.

La inflación es particularmente seductora en nuestra época de positividad tóxica, donde se nos dice constantemente que somos seres de luz ilimitada, que podemos manifestar cualquier realidad, que solo necesitamos vibrar más alto. Esta negación colectiva de la sombra, este rechazo sistemático de los aspectos oscuros de la experiencia humana, no produce iluminación sino disociación masiva. Millones de personas intentan desesperadamente ser solo luz mientras su sombra crece monstruosamente en la oscuridad.

El precio final de negar la sombra es la pérdida del alma misma. No en un sentido místico o religioso, sino en términos de vitalidad, autenticidad, plenitud. La persona que ha exiliado grandes porciones de sí misma para mantener una imagen aceptable vive una vida de cartón, bidimensional, desprovista de la profundidad y riqueza que solo surge del abrazo de la totalidad. Puede tener éxito, puede ser admirada, puede cumplir todos los requisitos sociales de una "buena vida", pero internamente experimenta un vacío existencial que ningún logro puede llenar.

Los síntomas proliferan: ansiedad crónica sin causa aparente, depresión en medio del éxito, adicciones que prometen llenar el vacío, relaciones que se repiten compulsivamente el mismo patrón destructivo. El cuerpo grita a través de enfermedades cada vez más severas. La psique organiza crisis cada vez más dramáticas. Todo intenta despertar a la persona del sueño de la parcialidad, de la ilusión de que puede ser solo la mitad de sí misma y vivir una vida completa.

La negación tiene un costo energético extraordinario. Mantener aspectos del ser en el exilio requiere una vigilancia constante, una tensión perpetua, un gasto continuo de fuerza vital. Es como intentar mantener una pelota de playa bajo el agua: mientras más profundo la empujas, más fuerza necesitas para mantenerla sumergida. Eventualmente, el agotamiento es inevitable. La depresión que azota a tantos en nuestra época no es solo tristeza; es el colapso energético que resulta de décadas de luchar contra uno mismo.

Existe una alternativa, pero requiere un coraje que nuestra cultura raramente fomenta: el coraje de mirar directamente a la sombra, de reconocer en uno mismo todo aquello que se ha proyectado sobre otros, de abrazar los aspectos rechazados no para actuarlos sino para integrarlos conscientemente. Este es el trabajo de una vida, pero es el único trabajo que verdaderamente importa. Porque solo cuando dejamos de huir de nuestra oscuridad podemos descubrir que en ella se esconde nuestro oro más preciado: la totalidad de lo que somos, esperando ser reclamada.

Capítulo 8: La Sombra en el Amor - Por Qué Elegimos a Quien Elegimos

Enamorarse es contemplar en otro los aspectos luminosos que hemos desterrado de nuestra propia identidad. El momento del flechazo, ese instante de reconocimiento instantáneo cuando alguien desconocido se transforma súbitamente en el centro del universo, no es encuentro sino reencuentro. No vemos a la persona real que tenemos delante; contemplamos el reflejo dorado de nuestra propia sombra luminosa, esos aspectos magníficos de nosotros mismos que hemos enterrado tan profundamente que solo pueden regresar a la consciencia disfrazados como otro. El amor romántico, esa locura sagrada que los griegos llamaban manía divina, es el teatro más elaborado de proyecciones mutuas que existe en la experiencia humana.

Jung comprendió que elegimos parejas no por casualidad ni por destino romántico, sino por una precisión psicológica implacable. Nos enamoramos de quienes portan nuestra sombra no integrada, estableciendo contratos inconscientes donde cada uno acepta representar para el otro los aspectos rechazados de su ser. El hombre que ha reprimido su sensibilidad se enamora perdidamente de la mujer ultrasensible. La mujer que ha negado su poder se siente irresistiblemente atraída hacia el hombre dominante. No es atracción de opuestos; es el magnetismo de la totalidad fragmentada buscando reunificarse.

El concepto del "portador de sombra" en las relaciones revela la arquitectura oculta del amor romántico. Tu pareja no es simplemente tu compañero; es el custodio involuntario de las partes exiliadas de tu alma. Aquello que más admiras en el otro al principio de la relación es precisamente lo que has desterrado de tu propia identidad. Esa espontaneidad que te fascina es tu propia espontaneidad reprimida. Esa seguridad que te seduce es tu propia confianza enterrada. Te enamoras de tu sombra dorada proyectada en el rostro del amado.

Pero el oro no es lo único que proyectamos. También arrojamos nuestro plomo, nuestros aspectos más oscuros y rechazados. La misma persona que porta nuestro oro inevitablemente se convierte en pantalla para nuestras proyecciones más sombrías. El ciclo es predecible como las fases lunares: primero la idealización, donde el otro brilla con luz dorada prestada; luego la desilusión, donde esa misma luz se oscurece y el oro se transmuta en plomo.

Observa cómo funciona esta alquimia invertida en cualquier relación. Durante el enamoramiento, tu pareja no puede hacer nada mal. Cada gesto es perfecto, cada palabra es poesía, cada defecto es encantador. Proyectas sobre ella todas tus cualidades no reconocidas más nobles: tu creatividad si te consideras prosaico, tu estabilidad si te ves como caótico, tu pasión si te percibes como frío. El otro se convierte en un semidiós, no porque lo sea, sino porque porta la divinidad de tu propia sombra luminosa.

Luego llega el desencanto, esa mañana gris cuando despiertas junto a un extraño. Las mismas cualidades que te cautivaron ahora te irritan. La espontaneidad se ha vuelto irresponsabilidad. La sensibilidad se ha transformado en debilidad. La fortaleza se ha convertido en rigidez. No es que la persona haya cambiado; es que has comenzado a proyectar tu sombra oscura donde antes proyectabas la dorada. El príncipe se ha convertido en sapo, no por transformación sino por cambio de proyección.

Este es el momento crítico en toda relación, el punto de inflexión donde la mayoría huye hacia la siguiente pantalla de proyección, repitiendo el ciclo eternamente. Divorciarse y casarse con alguien "completamente diferente" que misteriosamente exhibe los mismos patrones. Saltar de relación en relación buscando al portador perfecto de sombra que nunca desilusione, que permanezca para siempre dorado. Pero la sombra no puede ser evadida mediante cambio de parejas; simplemente encuentra nuevos rostros donde proyectarse.

El matrimonio moderno se ha convertido en una danza cada vez más compleja de proyecciones mutuas. Los Brett, esa pareja que acudió a terapia convencida de ser "completamente opuestos", ejemplifican perfectamente esta coreografía inconsciente. Tom, el racional, había proyectado toda su emotividad en Laura. Laura, la expresiva, había proyectado toda su contención en Tom. Cada uno vivía la mitad rechazada de sí mismo a través del otro, en un intercambio que parecía complementario pero que en realidad era parasitario.

Cuando Laura quería intimidad, no la buscaba directamente sino que manipulaba a Tom para que la rechazara, confirmando así su narrativa de ser la parte emocional de la relación. Cuando Tom necesitaba cercanía, provocaba los celos de Laura mencionando a otras mujeres, forzándola a perseguirlo y permitiéndole experimentar la intimidad sin tener que reconocer su necesidad. Cada uno dependía del otro para mantener su ficción psicológica, su identidad parcial.

Esta identificación proyectiva, donde no solo proyectas tu sombra en el otro sino que lo induces a actuarla, es el mecanismo más destructivo y a la vez más común en las relaciones íntimas. La persona que ha reprimido su rabia provoca constantemente a su pareja hasta lograr que explote, permitiéndole experimentar su propia ira de forma vicaria mientras mantiene su autoimagen de persona pacífica. El que ha negado su vulnerabilidad elige parejas necesitadas y dependientes, nutriéndose secretamente de su propia necesidad proyectada mientras se queja de la "carga" que representa.

Las parejas funcionan como sistemas de espejos mutuos donde cada uno refleja la sombra del otro en una sala de espejos infinita. Lo que más odias de tu pareja es lo que no puedes aceptar de ti mismo reflejado y amplificado. Lo que más amas es tu propia grandeza no reconocida brillando en sus ojos. La relación se convierte en un teatro donde cada uno representa para el otro el drama de sus aspectos rechazados.

El sexo, ese momento de máxima vulnerabilidad y fusión, se convierte en el escenario privilegiado para estas proyecciones. En el lecho, proyectamos nuestras sombras más primitivas: el animal que negamos, el salvaje que reprimimos, el místico que rechazamos, el niño que abandonamos. El amante se transforma en pantalla para todas nuestras fantasías no sobre el otro sino sobre nosotros mismos. Hacemos el amor no con la persona real que yace a nuestro lado sino con nuestra propia sombra proyectada en su cuerpo.

La infidelidad, ese terror del matrimonio moderno, frecuentemente no es búsqueda de otro sino búsqueda de aspectos perdidos del ser. El hombre que engaña a su esposa estable con una mujer caótica no busca a esa mujer; busca su propio caos reprimido. La mujer que traiciona a su marido predecible con un amante peligroso no desea a ese hombre; desea su propio peligro negado. El affaire es un intento desesperado de reunirse con la sombra sin tener que integrarla conscientemente.

Los celos, esa tortura exquisita del amor, revelan con precisión quirúrgica nuestras proyecciones más profundas. Aquello que imaginamos obsesivamente que nuestra pareja hace con otros es exactamente lo que nosotros deseamos hacer inconscientemente. El marido que ve infidelidad en cada gesto de su esposa proyecta su propio deseo reprimido de aventuras. La esposa que sospecha traición en cada ausencia proyecta su propia tentación negada. Los celos son un espejo negro donde contemplamos nuestros propios deseos prohibidos.

La violencia doméstica, esa sombra más oscura del amor, surge cuando la proyección alcanza niveles psicóticos. El agresor no golpea a su pareja; golpea a su propia sombra proyectada que ha llegado a percibir como completamente externa y amenazante. Destruye en el otro lo que no puede tolerar en sí mismo. La víctima, atrapada en sus propias proyecciones, frecuentemente porta la sombra del victimario de formas que perpetúan el ciclo. No es culpabilización sino reconocimiento de la complejidad psicológica de estas dinámicas.

El divorcio raramente resuelve el problema de las proyecciones; simplemente las redistribuye. El ex se convierte en el repositorio permanente de toda la sombra negativa, el villano absoluto de la narrativa personal. Todo lo malo de la relación se atribuye al otro, todo lo bueno al yo. Los hijos se convierten en campos de batalla donde cada padre proyecta su sombra sobre el otro a través de los niños. El ciclo continúa, ahora con víctimas colaterales.

Existe una alternativa a esta danza de proyecciones, pero requiere un coraje que pocos poseen: reconocer en la pareja el espejo de la propia sombra. Cuando algo te irrita profundamente de tu compañero, preguntarte dónde vive eso mismo en ti. Cuando algo te fascina irresistiblemente, interrogarte qué aspecto propio estás contemplando. La relación consciente no es aquella libre de proyecciones —eso es imposible— sino aquella donde las proyecciones se reconocen y se trabajan como material para el crecimiento mutuo.

El amor verdadero, ese amor que trasciende la proyección, solo es posible cuando cada uno ha reclamado su sombra y puede ver al otro como realmente es, no como pantalla sino como ser humano completo con su propia luz y su propia oscuridad. Es un amor menos embriagador que el romántico pero más sólido, menos idealizado pero más real, menos proyectado pero más íntimo. Es el amor que surge cuando dos personas completas se encuentran, no para completarse mutuamente sino para compartir su completitud.

Hasta entonces, seguiremos enamorándonos de sombras, casándonos con fantasmas, divorciándonos de proyecciones, en una danza eterna donde buscamos en otros lo que nos negamos a encontrar en nosotros mismos. El otro, ese misterio ambulante que comparte nuestra cama, seguirá siendo el extraño más familiar, el espejo más cruel, el maestro más implacable en el arte imposible de amarnos a nosotros mismos a través del rodeo tortuoso de amar nuestra sombra proyectada en el rostro del amado.

Capítulo 9: Sombras Generacionales - El Legado Invisible

Los pecados de los padres se visitan en los hijos hasta la tercera y cuarta generación, dice el antiguo texto bíblico. Pero no son solo los pecados; son las sombras, los traumas no procesados, los secretos familiares, las emociones prohibidas, los sueños truncados, las vidas no vividas. Cada familia es un sistema de transmisión psíquica donde lo no resuelto en una generación se convierte en el destino de la siguiente. Nacemos no solo con un código genético sino con un código psíquico, una herencia invisible de sombras ancestrales que cargaremos sin saberlo hasta que tengamos el coraje de mirar hacia atrás y romper la cadena.

Alice Miller, esa exploradora implacable del trauma infantil, comprendió que el drama del niño dotado no es solo individual sino generacional. Los padres que no pueden tolerar ciertos aspectos de sí mismos los proyectan sobre sus hijos, quienes a su vez los introyectan y los transmiten a la siguiente generación. Es una cadena de transmisión psíquica donde cada eslabón porta las sombras no integradas del anterior, en una procesión fantasmal que puede extenderse por siglos.

Observa cualquier árbol genealógico con ojos psicológicos y verás patrones que se repiten con precisión escalofriante. La abuela que nunca pudo expresar su rabia tiene una hija explosiva que tiene una nieta que sufre ataques de pánico. El abuelo alcohólico tiene un hijo abstemio obsesivo que tiene un nieto adicto al trabajo. La tía soltera que "sacrificó su vida por la familia" tiene una sobrina que no puede mantener relaciones estables que tiene una hija que se casa compulsivamente. No es casualidad; es transmisión de sombra, el legado invisible que pasa de generación en generación como una maldición que nadie pronunció pero todos obedecen.

La ciencia moderna, específicamente la epigenética, está descubriendo lo que Jung intuyó hace un siglo: los traumas alteran la expresión genética de maneras que pueden transmitirse a los descendientes. Los estudios con supervivientes del Holocausto muestran cambios epigenéticos en sus hijos y nietos, marcadores moleculares del trauma que nunca vivieron directamente. Los ratones expuestos a traumas transmiten respuestas de miedo a sus crías, quienes nunca experimentaron el trauma original. La sombra no es solo psicológica; está inscrita en nuestras células, codificada en nuestro ADN, transmitida en el silencio de nuestros cromosomas.

El concepto de "lealtades invisibles" desarrollado por Ivan Boszormenyi-Nagy revela otro mecanismo de transmisión. Los hijos, por amor inconsciente a sus padres, asumen cargas que no les corresponden. El hijo que fracasa para no superar al padre fracasado. La hija que permanece soltera para acompañar a la madre abandonada. El nieto que desarrolla la enfermedad que el abuelo temía. Son lealtades que operan por debajo del umbral de la consciencia, compromisos firmados con sangre psíquica antes de que tuviéramos palabras para negarlos.

Cada familia tiene sus mitos fundacionales, sus narrativas oficiales que encubren las sombras colectivas. "Somos una familia unida" oculta las divisiones profundas. "Venimos de gente trabajadora" esconde el terror a la pobreza. "Los Smith siempre han sido exitosos" enmascara el precio pagado por ese éxito. Estos mitos familiares funcionan como hechizos que obligan a cada generación a representar el mismo drama con diferentes vestuarios.

Los secretos familiares son particularmente tóxicos en su transmisión. El suicidio del tío del que nunca se habla. El primer matrimonio de la abuela que fue borrado de la historia. El hijo dado en adopción cuya existencia se niega. El abuso sexual que todos saben pero nadie reconoce. Estos secretos no desaparecen por ser silenciados; se transmiten como vacíos con forma, ausencias que pesan más que las presencias, fantasmas que habitan las habitaciones psíquicas de generaciones que nunca conocieron la verdad pero sienten su peso.

El trauma del arquetipo materno que describió Jung opera generacionalmente. La madre que no puede tolerar la sombra propia la proyecta sobre su hija, quien la introyecta y la proyecta sobre su propia hija, en una cascada de madres negativas internalizadas que pueden rastrearse por el linaje femenino como una genealogía de dolor. Lo mismo ocurre con el arquetipo paterno: generaciones de hombres incapaces de expresar ternura crían hijos hambrientos de afecto que crían nietos confundidos sobre su masculinidad.

Los roles familiares se transmiten como uniformes psíquicos que cada generación debe vestir. El hijo parentificado que cuida a sus padres tiene un hijo que asume responsabilidades prematuras que tiene un hijo que no puede ser niño. La oveja negra de una generación engendra al rebelde de la siguiente que engendra al marginado de la tercera. El héroe familiar, el enfermo, el genio, el fracasado: todos son roles en un drama multigeneracional donde el guion fue escrito hace generaciones pero sigue representándose.

Las adicciones familiares revelan sombras generacionales con claridad brutal. El alcoholismo no es solo una enfermedad individual; es un síntoma familiar que expresa lo que no puede decirse de otra manera. El abuelo bebía para olvidar la guerra. El padre bebía para olvidar al abuelo. El hijo bebe para olvidar que está bebiendo por razones que no comprende. La adicción es el idioma en que la familia habla su dolor no procesado.

La violencia doméstica se transmite como un virus psíquico. El niño que presencia violencia la internaliza como un modelo de relación. Puede jurar que nunca será como su padre violento, pero sin trabajo consciente, repetirá el patrón o se casará con alguien que lo haga. La víctima de una generación se convierte en el perpetrador de la siguiente, o encuentra un perpetrador para continuar el drama familiar. La violencia no es solo conducta aprendida; es sombra heredada, la rabia no procesada de generaciones cristalizada en puños.

Los patrones de abandono crean genealogías de ausencia. La madre abandonada por su padre abandona emocionalmente a su hija quien abandona físicamente a su propia hija. El abandono no requiere maletas y despedidas; puede ocurrir viviendo en la misma casa, una ausencia presente más dolorosa que una ausencia física. Generaciones enteras pueden vivir juntas y estar completamente solas, cada una repitiendo el abandono que heredó.

Pero existe esperanza en el reconocimiento. El primer eslabón que sana puede romper la cadena para las generaciones venideras. Requiere un coraje extraordinario mirar hacia atrás y ver no solo los traumas sino las sombras, no solo lo que nos hicieron sino lo que heredamos sin elección. Requiere diferenciar entre lo que es nuestro y lo que estamos cargando por lealtad invisible, amor mal entendido o simple inercia generacional.

El trabajo de constelaciones familiares de Bert Hellinger ofrece una metodología para visualizar y sanar estas dinámicas generacionales. Al representar físicamente el sistema familiar, emergen las lealtades ocultas, los enredos sistémicos, las sombras colectivas. Lo que no podía verse desde dentro del sistema se vuelve evidente cuando se externaliza y se observa. Los representantes sienten en sus cuerpos las emociones y tensiones del sistema familiar, revelando lo que las palabras no pueden expresar.

La sanación generacional no es solo para nosotros; es para los que vienen después. Cada sombra que integramos es una carga menos para nuestros hijos. Cada trauma que procesamos es un dolor que no transmitiremos. Cada secreto que revelamos es un fantasma menos en el ático familiar. Cada patrón que rompemos es una libertad que regalamos a las generaciones futuras.

Existe una responsabilidad sagrada en ser el punto de ruptura, el lugar donde la transmisión se detiene. No es traición a la familia sino el acto de amor más profundo: negarse a transmitir el dolor, rechazar la herencia de sombras, devolver los contratos no firmados que nos obligaban a repetir dramas que no escribimos.

Los ancestros viven en nosotros no solo como memoria sino como presencia activa. Sus sombras no integradas son nuestras sombras hasta que las reconozcamos y las devolvamos con amor a su origen. Sus sueños no realizados presionan desde dentro buscando expresión. Sus miedos no enfrentados se convierten en nuestras fobias inexplicables. Sus amores prohibidos emergen como nuestras obsesiones incomprensibles.

El trabajo con las sombras generacionales requiere una arqueología del alma, excavando capa por capa las sedimentaciones psíquicas de generaciones. Cada capa revela no solo traumas sino también recursos, no solo sombras sino también oro enterrado. Los talentos suprimidos de una generación pueden florecer en la siguiente si se les da permiso. Los sueños aplazados pueden realizarse décadas después en un descendiente que ni siquiera sabe que está completando un destino familiar.

Romper la cadena no significa rechazar la familia sino amarla lo suficiente para no repetir sus errores. Significa honrar a los ancestros no mediante la repetición ciega sino mediante la consciencia y la elección. Significa tomar lo mejor del legado familiar y transformar lo peor, ser el alquimista que convierte el plomo generacional en oro individual.

Al final, todos somos eslabones en una cadena que se extiende hacia atrás hasta el principio de los tiempos y hacia adelante hasta futuros que no podemos imaginar. La pregunta no es si portaremos sombras generacionales —todos las portamos— sino si las transmitiremos inconscientemente o las transformaremos conscientemente. La elección es nuestra, y en esa elección reside no solo nuestro destino individual sino el destino de linajes enteros esperando ser sanados.

Capítulo 10: La Sombra Colectiva del Trauma - Heridas Compartidas de una Generación

Existen heridas que trascienden los apellidos y los árboles genealógicos. Son cicatrices grabadas en el alma colectiva de una época, traumatismos que marcan a millones simultáneamente y crean una sombra compartida que flota sobre generaciones enteras como una nube radioactiva invisible. Quienes vivieron la Gran Depresión desarrollaron una relación patológica con la escasez que transmitieron incluso a nietos nacidos en la abundancia. Los supervivientes de dictaduras latinoamericanas comparten un silencio específico, una autocensura automática que sus hijos heredan sin comprender su origen.

El trauma colectivo opera diferente al familiar. No requiere lazos de sangre para transmitirse; se propaga a través del aire cultural que todos respiramos. Los niños nacidos después del 11 de septiembre en Estados Unidos crecieron en una atmósfera de hipervigilancia que nunca eligieron. Los jóvenes europeos post-

2008 internalizaron una precariedad económica que moldeó sus expectativas vitales antes de que tuvieran edad para entender qué era una hipoteca.

La pandemia de 2020 creó una sombra generacional sin precedentes: billones de personas experimentando simultáneamente aislamiento forzado, muerte omnipresente, colapso de certezas. Los niños que aprendieron a leer rostros cubiertos por mascarillas desarrollarán formas únicas de procesar expresiones emocionales. Los adolescentes cuya socialización ocurrió a través de pantallas cargarán una extraña nostalgia por intimidades que nunca experimentaron. Esta sombra colectiva no se procesa individualmente; requiere rituales comunitarios que nuestra sociedad atomizada ya no sabe realizar.

Cada guerra imprime su sombra particular en quienes la sobreviven. Los veteranos de Vietnam regresaron con una oscuridad que ninguna terapia individual podía disipar completamente porque era una herida del alma colectiva, no solo personal. Sus hijos crecieron en hogares donde ciertos sonidos, olores, fechas, activaban alarmas invisibles. Los nietos portan ansiedades inexplicables, pesadillas con junglas que nunca pisaron.

Las dictaduras generan sombras colectivas de desconfianza sistemática. En sociedades post-autoritarias, generaciones enteras comparten el mismo escalofrío ante uniformes, la misma reticencia a firmar documentos, el mismo impulso de bajar la voz al hablar de política. Los hijos de desaparecidos en Argentina comparten una ausencia con forma específica, un vacío que ninguna explicación puede llenar porque el trauma fue diseñado precisamente para crear incertidumbre perpetua.

Los genocidios dejan sombras que desafían la comprensión. Ruanda, Bosnia, Camboya: sociedades enteras donde vecinos se convirtieron en verdugos. La sombra resultante no es solo el trauma de las víctimas sino la culpa colectiva de los perpetradores y la parálisis moral de los testigos. Generaciones posteriores heredan identidades fracturadas, incapaces de confiar plenamente en la civilidad humana porque conocen su fragilidad.

La tecnología acelera la formación de sombras colectivas. Un video viral de violencia policial crea trauma compartido en millones simultáneamente. Las crisis climáticas generan eco-ansiedad en jóvenes que no causaron el problema pero heredarán sus consecuencias. La inteligencia artificial amenaza con obsolescencia masiva, creando una sombra anticipatoria de irrelevancia.

Estas sombras colectivas no pueden sanarse solo con terapia individual porque el trauma no ocurrió en aislamiento. Requieren reconocimiento social, monumentos que den forma al dolor compartido, rituales que permitan el duelo colectivo. Sin este procesamiento comunitario, cada individuo carga solo con un peso diseñado para ser compartido, desarrollando patologías personales por heridas que son fundamentalmente sociales.

La esperanza radica en que, así como el trauma puede ser colectivo, también puede serlo la sanación. Cuando una generación finalmente nombra su sombra compartida, comienza la posibilidad de transformación no solo personal sino cultural, histórica, evolutiva.

Capítulo 11: La Sombra Creativa - El Artista Que No Te Atreves a Ser

"No soy creativo." Cuatro palabras que constituyen quizá la mentira más universal que nos contamos. Una sentencia de muerte autoimpuesta que millones repiten como un mantra maldito, sin comprender que están confesando no una limitación sino una amputación psíquica. Porque decir "no soy creativo" es admitir que has arrojado al saco de la sombra la esencia misma de lo que significa estar vivo: la capacidad de crear, de imaginar, de dar forma a lo inexistente, de ser cocreador con el universo mismo.

Llegamos al mundo como esferas radiantes de energía creativa de 360 grados. El niño de dos años que transforma una caja de cartón en nave espacial, castillo y cueva de dragones en el transcurso de una tarde no necesita permiso para crear. No se pregunta si es creativo; simplemente es creatividad en acción, pura potencialidad manifestándose sin filtros, sin vergüenza, sin el peso aplastante del "no soy suficientemente bueno".

Pero entonces comienza la socialización, ese proceso sistemático de reducción del ser. "No dibujes en las paredes." "Colorea dentro de las líneas." "Los árboles no son morados." "Eso no es música, es ruido." "Deja de inventar historias y di la verdad." "Los niños buenos no fantasean." Mensaje tras mensaje, corrección tras corrección, la esfera original de creatividad se va comprimiendo, y vastas extensiones de imaginación son desterradas al saco de la sombra.

La escuela perfecciona este proceso de castración creativa. El sistema educativo, diseñado para producir trabajadores obedientes para la era industrial, premia la conformidad y castiga la originalidad. La respuesta correcta es más valorada que la pregunta interesante. La reproducción exacta recibe mejores notas que la interpretación personal. El niño que ve dinosaurios en las nubes durante la clase de matemáticas es diagnosticado con déficit de atención. La niña que inventa sus propias palabras es corregida por su "mala gramática".

Para cuando llegamos a la adolescencia, la mayoría hemos aprendido la lección fundamental: ser creativo es peligroso. Es exponerse al ridículo, a la crítica, al rechazo. Mejor conformarse, mejor imitar, mejor seguir las reglas. El adolescente que todavía dibuja es "infantil". El que escribe poesía es "raro". El que inventa canciones es "pretencioso". La presión de los pares completa lo que los adultos iniciaron: el entierro definitivo del impulso creativo en las catacumbas de la sombra.

Y así llegamos a la adultez convencidos de que la creatividad es un don especial reservado para unos pocos elegidos: los "verdaderos" artistas, los genios, los tocados por las musas. Nosotros, los mortales comunes, debemos contentarnos con consumir la creatividad de otros, con ser espectadores en el teatro de la creación, con vivir vidas de segunda mano a través del arte que otros se atreven a crear.

Pero aquí está el secreto que Jung comprendió: la creatividad reprimida no desaparece; se convierte en sombra, y como toda sombra, busca expresión por vías tortuosas. El ejecutivo que "no es creativo" pero miente compulsivamente está creando ficciones. La madre que "no tiene talento artístico" pero reorganiza obsesivamente los muebles está componiendo espacios. El contador que "no tiene imaginación" pero vive adicto a los videojuegos está hambriento de los mundos que no se permite crear.

La sombra creativa se manifiesta de formas particularmente dolorosas. La envidia corrosiva hacia los artistas. El cinismo hacia cualquier expresión creativa ("cualquiera podría hacer eso"). La crítica despiadada hacia quienes se atreven a crear ("qué pretencioso"). El consumo compulsivo de entretenimiento como sustituto de la creación propia. La depresión que surge de vivir una vida sin expresión auténtica.

Los casos de artistas que encontraron su voz en la sombra son testimonios del poder transformador de reclamar la creatividad reprimida. Van Gogh no comenzó a pintar seriamente hasta los 27 años, después de fracasar como predicador. Grandma Moses no tocó un pincel hasta los 78 años. Toni Morrison publicó su primera novela a los 39. No eran "talentos tardíos"; eran personas que finalmente tuvieron el coraje de abrir el saco y liberar al artista que siempre habían sido.

La conexión entre sombra y genialidad creativa es íntima y profunda. Los grandes artistas no son aquellos sin sombra, sino aquellos que han aprendido a dialogar con ella, a extraer de ella su material más potente. Picasso canalizó su sombra sexual y agresiva en el Guernica. Frida Kahlo transformó su dolor y su sombra corporal en autorretratos que trascienden lo personal. Beethoven compuso su mejor música después de quedarse sordo, extrayendo sinfonías del silencio de su sombra.

Jung mismo experimentó esto durante su confrontación con el inconsciente, ese período de su vida cuando se permitió jugar como un niño, construir castillos de piedra, dibujar mandalas, escribir fantasías. El Libro Rojo, su obra más creativa y personal, emergió directamente de su voluntad de descender a la sombra y darle forma artística. No es casualidad que su período más creativo coincidiera con su inmersión más profunda en la oscuridad psíquica.

El impulso creativo reprimido no es neutral; se vuelve destructivo. La energía creativa que no puede fluir hacia fuera se vuelve hacia dentro, devorando al individuo desde el interior. La persona que ha enterrado su creatividad vive una vida de desesperación silenciosa, como diría Thoreau, una existencia gris donde nada nuevo puede nacer, donde cada día es una fotocopia del anterior, donde la muerte en vida precede por décadas a la muerte física.

El precio psicológico es devastador. La creatividad reprimida se convierte en neurosis. El adulto que "no es creativo" sufre de una rigidez psíquica que se manifiesta como perfeccionismo paralizante, miedo al fracaso, incapacidad para el juego, pérdida del sentido del humor, depresión existencial. Ha sacrificado su vitalidad en el altar de la seguridad, su autenticidad en el altar de la aceptación.

Pero existe una verdad más profunda: la creatividad no puede ser realmente destruida, solo enterrada. En el saco de la sombra, el artista reprimido no muere; muta, se deforma, pero persiste. Espera, a veces durante décadas, el momento de emerger. Y cuando finalmente alguien tiene el coraje de abrir el saco, lo que emerge puede ser aterrador en su intensidad: un torrente de creatividad salvaje, primitiva, sin pulir, pero auténtica.

Recuperar la sombra creativa requiere enfrentar todos los mensajes internalizados sobre por qué "no eres creativo". Requiere cuestionar la voz del padre que dijo que el arte no da dinero, del profesor que ridiculizó tu dibujo, del amigo que se burló de tu poema. Requiere reconocer que esas voces no son la verdad sino proyecciones de las sombras creativas de otros, personas que tampoco se permitieron crear y necesitaban que tú tampoco lo hicieras para no confrontar su propia pérdida.

El proceso de reintegración creativa es invariablemente torpe al principio. El adulto que vuelve a dibujar después de décadas produce garabatos infantiles. El que intenta escribir después de años de silencio genera clichés. El que vuelve a cantar después de décadas de mudez desafina. Pero estos no son fracasos; son los primeros pasos del artista interno que aprende a caminar de nuevo después de décadas de parálisis.

La sombra creativa, cuando es finalmente liberada e integrada, no produce necesariamente "gran arte" en el sentido convencional. Produce algo más valioso: autenticidad. La persona que integra su sombra creativa no se convierte necesariamente en artista profesional, pero recupera su capacidad de crear su propia vida como obra de arte, de responder creativamente a los desafíos, de imaginar nuevas posibilidades, de jugar sin propósito, de asombrarse sin razón.

La creatividad es nuestra naturaleza fundamental. Somos la especie que pinta en las cuevas, que inventa historias alrededor del fuego, que ve figuras en las estrellas, que transforma el ruido en música y el movimiento en danza. Negar esto es negar nuestra humanidad misma. Cada persona que dice "no soy creativo" está confesando una mutilación psíquica que ninguna sociedad sana debería tolerar.

El mundo necesita desesperadamente la creatividad de todos, no solo de los "artistas profesionales". Necesita la creatividad del plomero que imagina una nueva solución, del maestro que inventa una nueva forma de enseñar, del padre que crea historias para sus hijos, del oficinista que reorganiza los procesos. Cada acto creativo, por pequeño que sea, es un acto de rebelión contra la entropía, una afirmación de vida contra la muerte.

Abre el saco. Sí, lo que emergerá será salvaje, desordenado, vergonzoso, infantil. Sí, tu primer dibujo será terrible, tu primera canción insoportable, tu primer poema pretencioso. Pero dentro de esa torpeza inicial está la semilla de tu renacimiento creativo. Dentro de ese caos está el cosmos personal esperando ser creado.

Capítulo 12: Poder y Sombra - La Corrupción del Alma

"El poder tiende a corromper, y el poder absoluto corrompe absolutamente", escribió Lord Acton. Pero esta verdad universalmente citada esconde una complejidad psicológica que pocos se atreven a explorar: no es el poder el que corrompe, sino la sombra no integrada del poderoso. El poder es simplemente el amplificador que magnifica lo que ya estaba latente en las profundidades del psiquismo. Cuando alguien asciende a una posición de autoridad sin haber confrontado su propia oscuridad, no adquiere nuevos demonios; libera los que siempre tuvo encadenados.

Contempla el patrón que se repite con precisión nauseabunda: la persona "buena" que alcanza el poder y se transforma en monstruo. El activista que luchaba contra la opresión se convierte en opresor. El reformador anticorrupción es descubierto con millones en paraísos fiscales. El líder espiritual que predicaba la humildad construye palacios con el dinero de sus seguidores. No son casos de corrupción súbita; son erupciones de sombras largamente reprimidas que el poder finalmente permite expresar.

Jung comprendió que el poder actúa como un solvente psíquico que disuelve las inhibiciones que mantienen la sombra contenida. Cuando alguien obtiene poder, las restricciones externas que forzaban la represión de ciertos impulsos desaparecen. Ya no necesita fingir humildad porque nadie puede obligarlo. Ya no necesita contener su agresividad porque pocos se atreverán a confrontarlo. Ya no necesita ocultar sus apetitos porque tiene los medios para satisfacerlos. El poder no crea la sombra; simplemente le quita las cadenas.

Harold, ese ejecutivo deprimido que proyectaba su sombra de poder sobre su jefe "duro e insensible", ejemplifica perfectamente esta dinámica. Durante años, Harold había enterrado su propia sed de poder, su arrogancia, su deseo de dominar, proyectándolo todo sobre figuras de autoridad que despreciaba. Pero cuando finalmente ascendió, cuando él mismo se convirtió en jefe, ¿qué ocurrió? La agresividad impropia que comenzó a mostrar no era nueva; era su sombra de poder finalmente liberada, expresándose torpemente porque nunca había sido integrada conscientemente.

El fenómeno es particularmente trágico en el caso de personas genuinamente buenas que alcanzan el poder. Han dedicado sus vidas a la bondad, la compasión, el servicio. Han reprimido tan profundamente sus impulsos oscuros que sinceramente creen no tenerlos. Se identifican completamente con la luz. Pero esta identificación unilateral con el bien es precisamente lo que los hace más vulnerables a la corrupción. Cuando el poder disuelve sus inhibiciones, la sombra emerge con fuerza volcánica proporcional a los años de represión.

Los líderes espirituales caídos representan el ejemplo más dramático de este fenómeno. Aquellos que se presentan como encarnaciones de la divinidad, como seres que han trascendido los impulsos humanos básicos, proyectan las sombras más densas. El gurú que predica el desapego mientras acumula Rolls Royces. El maestro zen que habla de la vacuidad mientras abusa sexualmente de sus estudiantes. El gurú célibe con harenes secretos. No son hipócritas conscientes; son víctimas de su propia inflación espiritual, tan identificados con la luz que no pueden ver la oscuridad que proyectan.

La inflación del ego que acompaña al poder espiritual es particularmente peligrosa porque viene disfrazada de humildad. El líder espiritual que dice "no soy yo, es Dios actuando a través de mí" está realizando la proyección más peligrosa de todas: proyectar su sombra sobre lo divino mismo, atribuyendo a Dios sus propios impulsos no reconocidos. Cuando seduce a una discípula, no es él sino "el tantra sagrado". Cuando acumula riquezas, no es avaricia sino "abundancia divina". Cuando castiga cruelmente, no es sadismo sino "amor feroz".

El monje Medardus de la novela de Hoffmann ilustra perfectamente esta dinámica. Embriagado por su propia elocuencia espiritual, seducido por el poder que su santidad le confería, bebió el elixir del Diablo creyendo que su pureza lo protegería. Pero el elixir no lo corrompió; simplemente reveló la corrupción que su identificación con la santidad había ocultado. Su alma se escindió no por el elixir sino por la imposibilidad de reconciliar su autoimagen santa con sus impulsos humanos.

El síndrome del impostor, esa sensación persistente de ser un fraude a pesar del éxito evidente, es la sombra del éxito intentando hacerse consciente. La persona exitosa que se siente impostor está más cerca de la verdad que quien se cree merecedor absoluto de su poder. El "impostor" al menos intuye que hay aspectos de sí mismo que no coinciden con su imagen pública. Siente la disonancia entre su persona exitosa y su sombra no integrada. Esta incomodidad, aunque dolorosa, es una invitación a la integración.

Pero la mayoría rechaza esta invitación. En lugar de explorar por qué se sienten impostores, trabajan más duro para "merecer" su éxito. En lugar de integrar la sombra que genera la sensación de fraude, intentan eliminarla con más logros. El resultado es la adicción al trabajo que Harold ejemplificaba: una huida hacia adelante que solo profundiza la escisión entre persona y sombra.

La hybris, ese pecado griego del orgullo excesivo que precede a la caída, es el estado psicológico donde la identificación con el poder se vuelve total. Los signos son inconfundibles: la convicción de poseer dones especiales, el rechazo de cualquier crítica, la necesidad compulsiva de ser el centro de atención, la certeza de operar según principios morales superiores. En este estado, la persona no tiene poder; el poder la tiene a ella. Se ha convertido en un vehículo para la expresión de fuerzas arquetípicas que no comprende ni controla.

Cuando aparece la hybris, como bien señalaba el texto, se deja de aprender. El ego inflado por el poder no puede admitir ignorancia, error o limitación. Todo feedback negativo es proyectado: son los otros quienes no entienden, quienes envidian, quienes sabotean. La sombra se proyecta masivamente sobre cualquiera que amenace la inflación. Los empleados se convierten en enemigos. Los críticos en traidores. Los amigos en conspiradores.

La diferencia entre poder integrado y poder desde la sombra es fundamental. El poder integrado reconoce su propia capacidad destructiva. El líder consciente sabe que puede dañar, dominar, corromper, y precisamente por eso ejerce el poder con cuidado exquisito. No niega sus impulsos oscuros; los reconoce y los canaliza conscientemente. Puede ser duro cuando es necesario, no por sadismo reprimido sino por claridad. Puede decir no sin crueldad. Puede confrontar sin destruir.

El poder desde la sombra, en contraste, oscila entre extremos. El líder que niega su agresividad acumula resentimientos hasta que explota inapropiadamente. El que rechaza su autoridad es manipulador pasivo-agresivo. El que no reconoce su deseo de dominar se vuelve controlador compulsivo disfrazado de "perfeccionista" o "detallista". La sombra siempre encuentra expresión; la única pregunta es si será consciente o inconsciente.

Las organizaciones modernas son calderos donde estas dinámicas se intensifican. La estructura jerárquica corporativa recrea las dinámicas familiares primarias: el CEO como padre, los ejecutivos como hermanos compitiendo por aprobación, los empleados como niños que deben reprimir sus impulsos para sobrevivir. Cada nivel proyecta su sombra hacia arriba y hacia abajo. Los de abajo proyectan poder y crueldad hacia arriba; los de arriba proyectan incompetencia e infantilismo hacia abajo.

La cultura empresarial que dice valorar la "transparencia" y el "feedback honesto" mientras castiga sutilmente cualquier crítica real está institucionalizando la sombra. Los valores corporativos proclamados son frecuentemente la sombra exacta de la realidad corporativa. La empresa que más habla de "familia" es la que más explota. La que predica "innovación" es la más rígida. La que proclama "integridad" es la más corrupta. No es hipocresía consciente; es proyección masiva institucionalizada.

Winston Churchill, Eleanor Roosevelt, Thomas Jefferson, Abraham Lincoln: los verdaderos líderes que el texto menciona no eran santos sin sombra. Eran individuos que habían confrontado su oscuridad y aprendido de ella. Churchill era un depresivo que llamaba a su aflicción "el perro negro" y la enfrentaba abiertamente. Lincoln sufría melancolías profundas y las usaba para conectar con el sufrimiento de otros. No negaban sus sombras; las integraban y las transformaban en sabiduría.

El poder sin sombra integrada es una bomba de tiempo. Puede mantenerse por años, incluso décadas, proyectando bondad, competencia, moralidad. Pero eventualmente, inevitablemente, la sombra encontrará expresión. Será el escándalo sexual del político conservador. El fraude del financiero respetable. El colapso nervioso del ejecutivo "perfecto". La sombra no puede ser permanentemente reprimida; solo puede ser pospuesta, acumulando intereses.

La solución no es rechazar el poder sino integrarlo conscientemente. Reconocer el deseo legítimo de influir, de liderar, de crear impacto. Admitir el placer que produce el poder bien ejercido. Aceptar la capacidad de dominar y destruir como parte del repertorio humano completo. Solo cuando estos aspectos son reconocidos e integrados pueden ser ejercidos conscientemente, con sabiduría en lugar de compulsión.

El verdadero poder, el poder integrado, no necesita inflarse ni proyectarse. No requiere pedestales ni adoración. No teme la crítica porque conoce sus propias limitaciones. No teme la competencia porque no necesita ser único. No teme la pérdida porque sabe que el poder externo es temporal pero el poder interno —el poder sobre la propia sombra— es permanente.

Al final, la corrupción del alma por el poder no es inevitable. Es el resultado predecible de ascender a la autoridad sin haber descendido primero a las propias profundidades. Aquellos que buscan el poder sin conocer su sombra están destinados a ser poseídos por ella.

Capítulo 13: La Sombra del Dinero

Menciona la palabra "dinero" en una cena familiar y observa cómo la atmósfera se cristaliza instantáneamente. Los cuerpos se tensan, las miradas se desvían, las conversaciones se fragmentan. Hablamos más fácilmente de sexo, muerte o traumas infantiles que de nuestros números bancarios. El dinero porta una carga psíquica tan densa que preferimos mantenerlo en las penumbras de lo no dicho, donde fermenta y muta en formas cada vez más distorsionadas.

El dinero nunca es solo dinero. Es seguridad para quien creció en escasez, libertad para quien se sintió atrapado, validación para quien fue menospreciado, amor para quien lo confunde con cuidado. Cada billete está impregnado de sudor ancestral, cada moneda es un talismán contra miedos primordiales. La cuenta bancaria se convierte en el espejo donde medimos nuestro valor existencial, confundiendo patrimonio con valía humana.

La pobreza genera una sombra particular: la convicción celular de no merecer abundancia.

Quien creció contando monedas para el pan desarrolla una hipervigilancia financiera que persiste décadas después de alcanzar estabilidad. Revisa compulsivamente saldos, acumula "por si acaso", se paraliza ante gastos mínimos mientras su cuenta rebosa. La escasez se incrustó tan profundamente que la abundancia se experimenta como amenaza, como preludio inevitable de pérdida.

La riqueza heredada carga su propia maldición. Los hijos de fortunas viven atormentados por la duda: ¿quién serían sin el apellido? Desarrollan una culpa corrosiva por privilegios no ganados, alternando entre derrochar compulsivamente para demostrar que no les importa y aferrarse obsesivamente para probar que son dignos custodios. Algunos se autosabotean sistemáticamente, destruyendo fortunas para liberarse del peso de lo no merecido.

El emprendedor adicto al trabajo que sacrifica familia y salud persiguiendo "seguridad financiera" no busca realmente dinero. Persigue la redención de un padre que lo llamó inútil, intenta comprar el amor que no recibió gratis, construye fortalezas contra un abandono que ya ocurrió. Cada cero añadido a su cuenta es un ladrillo más en el muro contra su propia vulnerabilidad.

La avaricia patológica esconde terror existencial al vacío. El acumulador compulsivo no colecciona billetes sino amuletos contra la muerte. Cada inversión es un conjuro contra la impermanencia, cada propiedad un ancla contra la disolución. Pero la paradoja es cruel: mientras más acumula, más evidente se vuelve que nada material puede llenar el agujero con forma de infinito que todos portamos.

La generosidad compulsiva también emerge de la sombra. Quien no puede recibir, quien paga siempre la cuenta, quien regala más de lo que tiene, actúa desde una sombra de indignidad. Compra su derecho a existir mediante dádivas, paga peaje por ocupar espacio. Su generosidad no es amor sino defensa contra el terror de no valer por sí mismo.

Las deudas funcionan como grilletes psíquicos autoimpuestos. Algunas personas las acumulan inconscientemente para mantenerse atadas, para tener excusa externa de por qué no pueden perseguir sus sueños. La deuda se convierte en la cruz conveniente que justifica la mediocridad elegida.

El precio emocional de ignorar la sombra del dinero es devastador. Matrimonios implosionan por conversaciones nunca tenidas. Hermanos se convierten en enemigos por herencias que representan amor no recibido. Talentos se marchitan porque "artista" y "pobre" se fundieron en la psique infantil.

Integrar la sombra monetaria requiere desenredar el dinero de todo lo que no es: no es amor, no es seguridad última, no es medida de valor humano. Es energía, herramienta, medio. Cuando lo liberamos de nuestras proyecciones masivas, el dinero recupera su neutralidad y nosotros recuperamos nuestra libertad de relacionarnos con él desde la consciencia, no desde el miedo ancestral o el deseo compulsivo.

Capítulo 14: La Sombra Digital - Quién Eres Cuando Nadie Te Ve

¿Alguna vez has navegado durante horas por hilos de comentarios anónimos, fascinado por la brutalidad con la que personas aparentemente civilizadas se destrozan entre sí? Existe un fenómeno curioso en estos espacios digitales: personas que jamás levantarían la voz en una reunión presencial descargan torrentes de veneno verbal cuando una pantalla las separa del mundo. Como si al cerrar la puerta de su habitación y encender el dispositivo, se abriera simultáneamente un portal hacia territorios psíquicos inexplorados.

El mundo digital funciona como un vasto laboratorio psicológico donde la Sombra encuentra condiciones ideales para manifestarse. No es casualidad que la expresión "troll de Internet" evoque imágenes de criaturas que habitan bajo puentes, en la oscuridad, esperando para atacar a los viajeros desprevenidos. Estos seres digitales emergen precisamente de los lugares más oscuros de nuestra psique, aquellos rincones que durante siglos permanecieron ocultos bajo las convenciones sociales y que ahora encuentran en el anonimato virtual su territorio de expresión perfecta.

Consideremos el caso del ejecutivo respetable que mantiene múltiples identidades virtuales. Durante el día, proyecta profesionalismo impecable en LinkedIn, compartiendo artículos sobre liderazgo consciente y responsabilidad corporativa. Por la noche, bajo seudónimo, participa en foros donde expresa opiniones radicales que horrorizarían a sus colegas. No se trata de hipocresía simple; es la arquitectura misma de la psique fragmentada encontrando en la tecnología el medio perfecto para su expresión compartimentada.

Los avatares que creamos revelan aspectos fascinantes de nuestra naturaleza oculta. En mundos virtuales, personas tímidas eligen representaciones agresivas, individuos controladores experimentan con personajes caóticos, y quienes viven vidas monótonas construyen identidades extravagantes. Cada elección de avatar constituye una declaración inconsciente sobre aquello que la persona anhela expresar pero no puede en su existencia cotidiana. El guerrero invencible del videojuego podría ser la manifestación del poder que el oficinista siente que le falta; la hechicera seductora, la expresión de una sensualidad reprimida por décadas de condicionamiento social.

La pornografía representa quizás el ejemplo más crudo de cómo lo digital se convierte en receptáculo de la Sombra sexual colectiva. Miles de millones de búsquedas revelan no solo deseos individuales sino patrones arquetípicos de lo prohibido. Las categorías más populares frecuentemente involucran dinámicas de poder, transgresión de límites sociales, y la exploración de territorios considerados tabú. El consumidor de este contenido experimenta una escisión radical: mientras mantiene una fachada de normalidad sexual, cultiva en secreto un mundo de fantasías que considera inconfesables.

La adicción a los video juegos ofrecen otro territorio revelador. Millones de personas invierten incontables horas construyendo imperios virtuales, acumulando poder ficticio, destruyendo enemigos digitales. ¿Qué impulsa esta dedicación obsesiva? En estos mundos, la

Sombra del poder encuentra expresión libre. El empleado que siente impotencia en su trabajo diario comanda ejércitos; el adolescente marginado se convierte en líder de gremio respetado; la madre exhausta por responsabilidades domésticas se transforma en asesina letal. Estas experiencias no son meras diversiones; constituyen válvulas de escape psíquicas donde aspectos reprimidos de la personalidad encuentran expresión temporal.

Las redes sociales presentan una paradoja particularmente intrigante. Prometían conectividad auténtica pero se convirtieron en teatros de máscaras elaboradas. Cada perfil constituye una persona cuidadosamente construida, una versión editada del ser que excluye sistemáticamente todo aquello considerado inaceptable. Sin embargo, precisamente esta construcción artificial revela la Sombra por negación: lo que elegimos no mostrar dice tanto sobre nosotros como lo que exhibimos. La obsesión por proyectar felicidad constante delata la presencia de tristeza negada; la necesidad compulsiva de validación externa señala un vacío interno no reconocido.

El fenómeno del acoso digital ejemplifica cómo la tecnología facilita comportamientos que la mayoría considera moralmente cuestionables pero practica en secreto. Revisar obsesivamente perfiles de exparejas, investigar minuciosamente a competidores, espiar vidas ajenas a través de sus rastros digitales: acciones que en el mundo físico requerirían esfuerzo considerable y conllevarían riesgo social, se vuelven trivialmente fáciles y aparentemente sin consecuencias en el espacio virtual.

La cultura de la cancelación representa una manifestación colectiva particularmente virulenta de la Sombra proyectada. Grupos enteros se unen para destruir reputaciones, carreras, vidas enteras, todo bajo la bandera de la justicia moral. Pero observemos más detenidamente: la intensidad del ataque frecuentemente supera con creces la transgresión original. Esta desproporción revela que no estamos ante simple corrección social sino ante un mecanismo de proyección masiva donde los "justos" descargan su propia oscuridad no reconocida sobre el chivo expiatorio designado.

El anonimato actúa como un desinhibidor psicológico potente. Liberados de las consecuencias sociales inmediatas, los individuos expresan pensamientos y sentimientos que han permanecido enterrados durante años, quizás décadas. Los foros anónimos se convierten en confesionarios digitales donde emergen no solo secretos personales sino verdades colectivas incómodas sobre la naturaleza humana. La crueldad casual, el sadismo recreativo, la misoginia y misandria latentes: todo florece en estos espacios como hongos en la oscuridad.

Pero existe también oro en esta Sombra digital. Comunidades virtuales permiten a personas explorar aspectos de su identidad que el entorno físico no tolera. Individuos cuestionando su orientación sexual encuentran espacios seguros para experimentar; artistas bloqueados descubren audiencias receptivas; personas con intereses considerados extraños hallan tribus afines. La misma tecnología que facilita la expresión de lo peor también posibilita el florecimiento de potenciales largamente reprimidos.

La inteligencia artificial introduce una dimensión nueva y perturbadora. Cuando conversamos con chatbots o asistentes virtuales, proyectamos humanidad donde no existe, creando relaciones parasociales con entidades algorítmicas. Algunos confiesan a estas máquinas secretos que jamás compartirían con otro ser humano. ¿Qué dice sobre nuestra Sombra relacional que prefiramos la intimidad con lo artificial antes que arriesgar vulnerabilidad con lo humano?

La adicción digital constituye quizás la manifestación más evidente de cómo la tecnología se entrelaza con nuestras sombras. El scroll infinito, la búsqueda compulsiva de notificaciones, la necesidad desesperada de estimulación constante: todos síntomas de un vacío existencial que intentamos llenar con píxeles. Cada vez que alcanzamos el teléfono sin razón consciente, estamos huyendo de algo, evitando un encuentro con aspectos de nosotros mismos que preferimos no enfrentar.

La vigilancia digital crea una nueva forma de Sombra: la paranoia justificada. Sabemos que nuestros datos son recolectados, analizados, monetizados. Vivimos bajo la mirada constante de algoritmos que conocen nuestros patrones mejor que nosotros mismos. Esta realidad genera una escisión psíquica donde simultáneamente exhibimos todo y confiamos en nada, creando personalidades digitales mientras sospechamos que nuestra autenticidad está siendo constantemente comprometida.

¿Cómo entonces navegar este territorio sin perdernos en él? La integración digital consciente requiere reconocer que nuestras actividades virtuales no son separadas de nuestro ser "real" sino expresiones de aspectos genuinos, aunque frecuentemente ocultos, de nuestra totalidad psíquica. Cada avatar creado, cada comentario anónimo publicado, cada hora perdida en mundos virtuales representa una comunicación desde las profundidades del ser.

El primer paso hacia la integración implica observar sin juicio nuestros comportamientos digitales. ¿Qué personas adoptamos online? ¿Qué nos atrae irresistiblemente en estos espacios? ¿Qué emociones emergen cuando nadie nos observa? Estas observaciones funcionan como ventanas hacia territorios psíquicos que de otra manera permanecerían inaccesibles.

El desafío no radica en eliminar estas expresiones digitales de la Sombra sino en reconocerlas como parte legítima de nuestra experiencia humana. El ejecutivo que expresa rabia en foros anónimos quizás necesite encontrar formas más constructivas de procesar su frustración profesional. La persona adicta a los video juegos podría estar señalando una necesidad genuina de agencia y logro que su vida cotidiana no satisface.

La autenticidad en la era digital no significa publicar cada pensamiento oscuro o impulso en redes sociales. Significa reconocer la totalidad de nuestra experiencia digital como parte integral de nuestro ser, integrando conscientemente estos aspectos en lugar de mantenerlos en compartimentos estancos que eventualmente explotan en comportamientos destructivos.

Vivimos en una época sin precedentes donde la Sombra encuentra infinitas formas de expresión y ocultamiento simultáneo. La tecnología no creó estos aspectos oscuros; simplemente les proporcionó un nuevo escenario. Pero en este mismo escenario yace la oportunidad: nunca antes tuvimos acceso tan directo a los contenidos de nuestro inconsciente colectivo. Cada clic, cada búsqueda, cada hora invertida online constituye datos sobre quiénes somos realmente cuando creemos que nadie nos observa. La pregunta no es si continuaremos proyectando nuestras sombras en espacios digitales, sino si tendremos el coraje de reconocer estos reflejos pixelados como espejos de nuestra alma fragmentada, esperando integración en la totalidad de nuestro ser.

Capítulo 15: Sombra y Espiritualidad - El Lado Oscuro de la Luz

"Me convertí en maestro espiritual para no tener que enfrentar mi propia oscuridad", confesó entre lágrimas un gurú occidental después de que salieran a la luz sus relaciones sexuales con múltiples discípulas. Su comunidad, construida sobre promesas de iluminación y pureza, se desmoronaba mientras él finalmente comprendía que había utilizado la espiritualidad como el más sofisticado de los escudos contra su propia Sombra. Esta historia, repetida con variaciones infinitas a lo largo de los siglos, revela una verdad incómoda: el camino espiritual puede convertirse en la huida más elaborada de aquello que pretende trascender.

El bypass espiritual, término acuñado por el psicólogo John Welwood, describe el uso de prácticas y creencias espirituales para evitar enfrentar heridas emocionales no resueltas, necesidades psicológicas insatisfechas y tareas de desarrollo incompletas. Es la tendencia a elevar prematuramente la conciencia hacia estados trascendentes mientras los sótanos del psiquismo permanecen inundados de material reprimido. Como quien construye un templo magnífico sobre cimientos podridos, el practicante espiritual que evade su Sombra está destinado al colapso.

Consideremos el fenómeno del "amor y luz" compulsivo. Comunidades enteras de buscadores espirituales que insisten en mantener vibraciones exclusivamente positivas, rechazando cualquier expresión de rabia, tristeza o conflicto como "baja frecuencia" o "egoica". Pero observemos más detenidamente: bajo esas sonrisas perpetuas hierve un caldero de resentimientos no expresados. La agresividad negada no desaparece; se transforma en pasivo-agresividad espiritual, juicios disfrazados de compasión, violencia psicológica envuelta en terminología sagrada.

El materialismo espiritual representa otra manifestación particularmente insidiosa de la Sombra disfrazada de luz. Coleccionar iniciaciones, acumular certificaciones de sanador, exhibir cristales y amuletos como trofeos de evolución espiritual: todo esto constituye el mismo impulso consumista del ego, ahora trasladado al mercado espiritual. El practicante que presume de sus horas de meditación o sus experiencias místicas no difiere del ejecutivo que alardea de su automóvil; ambos buscan validación externa para un vacío interno no reconocido.

La sombra del gurú merece examen particular. ¿Por qué tantos maestros espirituales, después de décadas de práctica aparentemente sincera, caen en escándalos de poder, sexo o dinero? La respuesta yace precisamente en el rechazo sistemático de estos aspectos humanos. Al identificarse exclusivamente con el rol de guía iluminado, el maestro relega al inconsciente sus necesidades ordinarias de intimidad, reconocimiento y seguridad material. Estas necesidades, al no ser reconocidas conscientemente, emergen de formas distorsionadas y destructivas.

Tomemos el caso histórico de Chögyam Trungpa, maestro tibetano brillante que introdujo el budismo en Occidente. Su alcoholismo notorio y comportamiento sexual controvertido dividieron a sus seguidores entre quienes lo veían como un "loco sabio" trascendiendo convencionalismos y quienes reconocían patrones claramente autodestructivos. La tragedia no radica en sus imperfecciones humanas, sino en la negación colectiva de que incluso los maestros más realizados cargan con Sombras que requieren integración continua.

El fenómeno se extiende a tradiciones aparentemente impecables. Monasterios zen donde el abuso emocional se justifica como "práctica rigurosa". Ashrams hindúes donde la explotación laboral se enmascara como "karma yoga". Centros de meditación vipassana donde la supresión emocional se confunde con ecuanimidad. En cada caso, la Sombra institucional encuentra formas de expresarse mientras mantiene la fachada de pureza espiritual.

La proyección espiritual constituye otro territorio revelador. El devoto que venera a su maestro como encarnación de la divinidad proyecta su propio potencial espiritual no reconocido. Simultáneamente, demoniza a quienes siguen otros caminos, proyectando en ellos su propia Sombra espiritual: la duda, el escepticismo, la mundanidad que ha intentado erradicar de sí mismo. Esta dinámica crea guerras espirituales donde cada tradición se considera superior, repitiendo los mismos patrones tribales que la espiritualidad supuestamente trasciende.

Examinemos la santidad como ideal problemático. Gandhi, venerado mundialmente como apóstol de la no violencia, sostuvo una batalla feroz contra su propia sexualidad que, según el psicoanalista Erik Erikson, dañó profundamente a quienes lo rodeaban. Su insistencia en dormir desnudo junto a mujeres jóvenes para "probar" su castidad revela no dominio espiritual sino una obsesión neurótica con el control sexual. La búsqueda de santidad, cuando se basa en la represión violenta de aspectos naturales del ser, genera una Sombra proporcionalmente destructiva.

El concepto de "despertar instantáneo" merece escrutinio crítico. La promesa de iluminación rápida atrae a quienes buscan escapar del trabajo psicológico profundo. Pero los estados alterados de conciencia, por más sublimes que sean, no equivalen a integración psicológica. El místico que experimenta la unidad cósmica durante la meditación pero maltrata a su familia en la vida cotidiana no ha integrado su realización; simplemente ha creado una escisión más sofisticada entre su experiencia espiritual y su Sombra psicológica.

La espiritualidad New Age presenta desafíos particulares. La creencia en que "creamos nuestra realidad" puede convertirse en negación cruel del sufrimiento legítimo. Decirle a una víctima de abuso que "atrajo esa experiencia para su crecimiento" no es sabiduría espiritual sino bypass emocional vestido de metafísica. La Ley de Atracción, mal entendida, se convierte en herramienta para culpar a los desfavorecidos de su situación mientras los privilegiados se congratulan por su supuesta evolución espiritual.

Sin embargo, la Sombra espiritual también alberga potenciales transformadores. Los místicos que genuinamente abrazan su oscuridad alcanzan una integración que trasciende la dualidad superficial entre luz y oscuridad. San Juan de la Cruz escribió sobre la "noche oscura del alma" no como obstáculo sino como portal necesario hacia la unión divina. Los tántricos reconocen que la iluminación incluye, no excluye, la totalidad de la experiencia humana, incluyendo sexualidad, agresividad y muerte.

Rumi, el poeta sufí, danzaba con su Sombra cuando escribía: "Vende tu astucia y compra perplejidad". No prometía certezas espirituales sino inmersión en el misterio que incluye tanto éxtasis como agonía. Los chamanes de diversas tradiciones comprenden que el sanador debe primero ser desmembrado psíquicamente, enfrentar su propia muerte y locura antes de poder guiar a otros a través de territorios similares.

La verdadera espiritualidad no rechaza la Sombra sino que la abraza como maestra. Cada impulso "no espiritual" constituye información valiosa sobre aspectos no integrados del ser. La lujuria del monje célibe señala hacia una sexualidad no honrada; la avaricia del renunciante indica apego no reconocido; la ira del practicante de compasión revela límites no establecidos.

El trabajo espiritual genuino requiere descender antes de ascender. Como enseñaba Jung, no nos iluminamos imaginando figuras de luz sino haciendo consciente la oscuridad. Esto significa enfrentar traumas infantiles antes de buscar experiencias cósmicas, sanar relaciones humanas antes de aspirar a la unión divina, integrar la personalidad antes de intentar trascenderla.

La meditación, practicada con honestidad, revela no solo paz sino también el caos interno que habitualmente evitamos. El verdadero valor de la práctica contemplativa no radica en alcanzar estados placenteros sino en desarrollar la capacidad de estar presente con cualquier contenido que emerja, incluyendo especialmente aquello que preferimos no ver.

La comunidad espiritual auténtica no es aquella donde todos mantienen vibraciones altas sino donde existe espacio seguro para la expresión de la totalidad humana. Donde la rabia puede expresarse conscientemente sin ser demonizada, donde la sexualidad se reconoce sin ser reprimida ni explotada, donde el poder se examina en lugar de negarse.

El camino de integración espiritual requiere distinguir entre trascendencia genuina y evitación espiritual. La primera incluye y trasciende; la segunda excluye y reprime. El místico integrado no flota sobre las aguas turbulentas de la existencia sino que aprende a nadar en ellas, reconociendo que la divinidad se manifiesta tanto en las profundidades como en las alturas.

Necesitamos una espiritualidad que honre la paradoja fundamental: somos seres de luz y oscuridad, ángeles y demonios, santos y pecadores. Cualquier camino que prometa eliminar una mitad de esta ecuación no conduce a la liberación sino a una prisión más elaborada. La verdadera libertad surge cuando dejamos de huir de nuestra humanidad en nombre de la divinidad y reconocemos que ambas son expresiones de la misma totalidad indivisible.

El desafío no es elegir entre materia y espíritu, entre Sombra y luz, sino reconocer que estos aparentes opuestos danzan eternamente en una unión que nuestra mente dualista no puede comprender pero nuestro corazón integrado puede vivir. Cuando dejamos de usar la espiritualidad como escape y la convertimos en vehículo de integración total, entonces comienza el verdadero viaje: no hacia arriba, lejos de la Sombra, sino hacia adentro, donde luz y oscuridad se revelan como las dos alas del mismo pájaro sagrado que somos.

Capítulo 16: La Sombra del Cuerpo y la Muerte - Lo que la Carne Recuerda

Tu cuerpo envejece mientras lees estas palabras. Células mueren, telómeros se acortan, el calcio se deposita donde antes había flexibilidad. Esta verdad inexorable genera tal pánico en nuestra psique que hemos construido industrias billonarias dedicadas a negarla. Cremas que prometen detener el tiempo, cirugías que esculpen ilusiones, filtros digitales que borran la evidencia de nuestra mortalidad. Pero el cuerpo sabe. Siempre supo que es temporal, y esa sabiduría aterra tanto que la hemos desterrado completamente a la sombra.

La primera traición ocurre en la pubertad. El cuerpo infantil, ese aliado confiable, muta sin permiso. Brota vello donde había suavidad, emergen olores animales, la sexualidad irrumpe como invasor alienígena. Los adultos responden con vergüenza mal disimulada, productos para "controlar" estas manifestaciones, eufemismos que evitan nombrar lo innombrable. El mensaje es claro: tu cuerpo animal es inaceptable. Así comienza el exilio de nuestra naturaleza mamífera.

La sexualidad cruda —no la versión romantizada sino el impulso biológico primitivo— se convierte en la sombra más densa. La educación sexual enseña mecánica y prevención pero jamás aborda el deseo volcánico, la pérdida de control, la pequeña muerte del orgasmo que nos recuerda la grande. Separamos el "hacer el amor" del "follar", creando una esquizofrenia donde la ternura y la animalidad no pueden coexistir. Los fluidos corporales, esas evidencias de nuestra naturaleza líquida y permeable, provocan asco inmediato. Hemos creado una sexualidad descorporizada, pixeles en pantallas, donde nadie suda ni huele ni envejece.

La enfermedad representa el ultimátum del cuerpo. El ejecutivo con cáncer descubre que décadas de "mente sobre materia" eran fantasía. La bailarina con artritis confronta que su instrumento de expresión tiene fecha de caducidad. Respondemos con guerra: "batalla contra el cáncer", "vencer la enfermedad", como si el cuerpo fuera territorio enemigo. Pero la enfermedad frecuentemente es el cuerpo gritando verdades que la mente rechazó escuchar: agotamiento negado, tristeza somatizada, rabia convertida en tumor.

El envejecimiento se experimenta como traición personal. Cada arruga es un fracaso, cada cana una derrota. Gastamos fortunas intentando parecer versiones momificadas de nuestros treinta años. Pero lo que realmente tememos no es la estética del envejecimiento sino su mensaje: el tiempo es finito, la muerte se acerca, la juventud era prestada. Las culturas que veneran ancianos comprenden algo que nosotros olvidamos: en las arrugas vive sabiduría que la piel tersa no puede contener.

La muerte, esa sombra suprema, es tan tabú que ni siquiera decimos la palabra. "Perdimos" a alguien, como si fuera error de navegación. "Descansa en paz", como si la muerte fuera siesta prolongada. "Falleció", eufemismo que evita decir: dejó de respirar, su corazón se detuvo, su carne comenzará a descomponerse. Maquillamos cadáveres para que parezcan dormidos, los encerramos en ataúdes herméticos como negando que alimentarán la tierra.

Esta negación masiva de nuestra mortalidad genera una sombra cultural monstruosa. Vivimos como inmortales, posponiendo eternamente, acumulando para un futuro que creemos garantizado. La crisis de mediana edad no es sobre edad sino sobre mortalidad súbitamente visible. El pánico no es envejecer sino reconocer que el medidor tiene límite.

Integrar estas sombras requiere una intimidad radical con nuestra naturaleza temporal. Tocar tu piel y reconocer que será polvo. Sentir tu pulso sabiendo que cuenta hacia atrás. No para generar morbo sino presencia. Cuando aceptamos plenamente nuestra condición mortal, cada momento adquiere peso específico. El cuerpo deja de ser enemigo y se revela como el único vehículo que tendremos para experimentar este misterio de estar vivos, magníficamente vivos, temporalmente vivos.

Capítulo 17: El Encuentro con la Sombra - Señales de que Está Emergiendo

Comenzó con las tazas rotas. Tres en una semana, todas cayendo inexplicablemente de sus manos mientras preparaba el café matutino. Marina, ejecutiva de cuarenta y dos años, controladora compulsiva de cada detalle de su vida, observaba los fragmentos de porcelana en el suelo de su cocina inmaculada sin comprender que su psique le enviaba mensajes urgentes. La Sombra no anuncia su llegada con fanfarrias; susurra a través de síntomas aparentemente inconexos hasta que el volumen se vuelve imposible de ignorar.

El inconsciente posee su propio lenguaje, ajeno a la lógica lineal de la mente consciente. Cuando la Sombra comienza a emerger, lo hace a través de un alfabeto de disrupciones: patrones que se quiebran, emociones desproporcionadas, encuentros que parecen demasiado significativos para ser casuales. Estos fenómenos no son accidentes sino comunicaciones de una parte de nosotros que ha permanecido silenciada demasiado tiempo.

Consideremos los estallidos emocionales inexplicables. Un comentario inocuo de un colega desencadena una furia volcánica. Una escena trivial en una película provoca llanto inconsolable. Un olor particular evoca una tristeza oceánica sin memoria asociada. Estas reacciones desproporcionadas constituyen erupciones de material psíquico reprimido que encuentra grietas en nuestras defensas cotidianas. La intensidad emocional funciona como un sismógrafo del alma, registrando movimientos tectónicos en las profundidades del ser.

La proyección intensificada representa otra señal inequívoca. De repente, el mundo parece poblado de personas insoportables que exhiben precisamente aquellas cualidades que más despreciamos. El vecino arrogante, la prima manipuladora, el jefe narcisista: todos parecen multiplicarse y magnificarse. Pero observemos más detenidamente: ¿qué tienen en común estos antagonistas? Invariablemente, portan aspectos de nuestra propia Sombra que rechazamos reconocer. La irritación desmedida que provocan delata su función como espejos de nuestro material negado.

Los sueños recurrentes constituyen quizás el canal más directo de comunicación desde el inconsciente. Marina soñaba repetidamente con una niña salvaje que corría desnuda por bosques oscuros, riendo mientras ella, vestida con traje ejecutivo, intentaba infructuosamente alcanzarla para vestirla "apropiadamente". El sueño se repetía con variaciones: a veces la niña se transformaba en animal, otras veces Marina descubría que ella misma estaba desnuda en una sala de juntas. Estos sueños no requieren interpretación esotérica; hablan claramente de aspectos vitales reprimidos que buscan expresión.

Los síntomas somáticos frecuentemente anuncian la emergencia de la Sombra. El cuerpo, más honesto que la mente, manifiesta lo que la consciencia niega. Dolores de espalda inexplicables que surgen cuando se sostiene demasiado peso psicológico. Problemas digestivos cuando no podemos "digerir" aspectos de nuestra experiencia. Insomnio cuando la Sombra reclama las horas nocturnas para hacerse escuchar. Estos síntomas, descartados por la medicina convencional como "psicosomáticos", constituyen en realidad cartografías precisas de territorios psíquicos inexplorados.

Las crisis vitales funcionan como catalizadores potentes para el encuentro con la Sombra. La muerte de un progenitor, un divorcio, la pérdida del empleo, el nido vacío: estos momentos de transición desestabilizan las estructuras defensivas que mantienen la Sombra contenida. Lo que antes funcionaba para mantener el equilibrio psíquico súbitamente colapsa, y aspectos largamente negados emergen con fuerza torrencial.

La crisis de mediana edad merece mención especial como momento arquetípico de confrontación con la Sombra. Alrededor de los cuarenta años, la psique parece realizar un inventario involuntario: ¿qué aspectos del ser fueron sacrificados en el altar de la adaptación social? ¿Qué potenciales quedaron sin realizar? ¿Qué partes de nosotros murieron para que otras pudieran vivir? Las respuestas a estas preguntas no llegan como reflexiones filosóficas sino como urgencias inexplicables: el contador que súbitamente necesita pintar, la madre devota que descubre deseos de aventura solitaria, el empresario exitoso que anhela simplicidad monástica.

Las sincronicidades se multiplican cuando la Sombra busca nuestra atención. Jung definió la sincronicidad como "coincidencias significativas" que trascienden la causalidad ordinaria. Durante períodos de emergencia de la Sombra, estos eventos parecen proliferar: encontramos repetidamente el mismo símbolo, escuchamos la misma frase de fuentes no relacionadas, tropezamos con personas que parecen encarnar aspectos de nosotros mismos que no reconocemos. Marina, por ejemplo, encontró tres veces en una semana referencias a lobos: en un documental accidental, en una conversación escuchada en el metro, en un libro abierto al azar en una librería. El lobo, símbolo de su naturaleza instintiva reprimida, la llamaba.

Los patrones de autosabotaje se intensifican notablemente. Justo cuando el ascenso parece asegurado, cometemos un error inexplicable. En el momento de mayor intimidad con la pareja, creamos distancia. Cuando la felicidad parece al alcance, la destruimos con precisión quirúrgica. Estos actos no son torpezas sino expresiones de partes de nosotros que no se sienten merecedoras del éxito, que temen la intimidad, que asocian la felicidad con peligro. La Sombra sabotea lo que el ego construye cuando existe una escisión fundamental entre ambos.

La fascinación con ciertas figuras públicas o personajes ficticios señala proyecciones de Sombra. Obsesionamos con celebridades que viven lo que no nos permitimos. Detestamos con vehemencia a políticos que expresan lo que reprimimos. Nos cautivan anti-héroes que encarnan nuestra oscuridad negada. Estas fijaciones no son entretenimiento pasivo sino encuentros activos con aspectos exiliados del ser.

Los cambios en las relaciones cercanas frecuentemente precipitan encuentros con la Sombra. Amistades de décadas súbitamente se vuelven intolerables. Dinámicas familiares establecidas colapsan. La pareja se transforma en extraño. Estos cambios relacionales no indican necesariamente que otros hayan cambiado, sino que nuestra capacidad de mantener proyecciones se debilita. Comenzamos a ver en otros lo que siempre estuvo ahí pero que nuestra Sombra proyectada ocultaba.

La creatividad bloqueada o explosiva marca otro síntoma significativo. Años de sequía creativa pueden preceder una erupción volcánica de expresión artística cuando la Sombra finalmente encuentra salida. Alternativamente, la creatividad puede bloquearse completamente cuando la energía psíquica se invierte en mantener la Sombra reprimida. Marina descubrió que llevaba años sin poder escribir nada personal, solo informes corporativos, hasta que una noche se encontró escribiendo poesía salvaje hasta el amanecer.

La preparación psicológica para el encuentro requiere cultivar lo que Jung llamaba "función trascendente": la capacidad de mantener la tensión entre opuestos sin resolverla prematuramente. Esto significa desarrollar la fortaleza para tolerar la ambigüedad, la paradoja, la contradicción interna. No se trata de elegir entre luz y Sombra sino de crear espacio psíquico donde ambas puedan coexistir.

Establecer un contenedor seguro resulta esencial. Esto puede incluir terapia, práctica espiritual, expresión artística, o comunidad de apoyo. El encuentro con la Sombra puede ser desestabilizador; necesitamos estructuras que nos sostengan mientras navegamos territorios psíquicos desconocidos. Marina encontró su contenedor en un grupo de mujeres que se reunían semanalmente para compartir sueños y experiencias de transformación.

La actitud con la que nos acercamos a estos síntomas determina si se convierten en crisis o en oportunidades de crecimiento. Si los interpretamos como patología, buscaremos suprimirlos. Si los reconocemos como comunicaciones del alma, podemos escuchar su mensaje. La Sombra no emerge para destruirnos sino para completarnos.

Es crucial distinguir entre emergencia de la Sombra y descompensación psicológica. Mientras la primera representa un movimiento hacia la totalidad, la segunda indica fragmentación patológica. Si los síntomas incluyen pérdida de contacto con la realidad, ideación suicida persistente, o incapacidad de funcionar básicamente, se requiere intervención profesional inmediata. La emergencia de la Sombra, aunque intensa, mantiene un núcleo de consciencia observadora.

El timing de estos encuentros raramente es conveniente. La Sombra no espera a que tengamos tiempo libre o estabilidad perfecta. Emerge precisamente cuando nuestras defensas se debilitan, cuando la vida nos ha llevado al límite de nuestras estrategias habituales. Este timing aparentemente cruel contiene su propia sabiduría: solo cuando lo conocido falla, lo desconocido puede emerger.

Marina finalmente comprendió el mensaje de las tazas rotas: su vida perfectamente controlada se estaba fragmentando porque excluía demasiado de sí misma. La niña salvaje de sus sueños no era una amenaza sino una invitación. Los síntomas no eran problemas a resolver sino koans a contemplar. Comenzó a permitirse pequeñas transgresiones: bailar sola en su apartamento, pintar con los dedos, caminar descalza por el parque. Cada acto de "impropiedad" recuperaba un fragmento de alma exiliada.

El encuentro con la Sombra no es un evento único sino un proceso continuo de revelación e integración. Los síntomas que lo anuncian no son enemigos sino mensajeros. Cuando aprendemos a leer estas señales como comunicaciones del alma en lugar de disrupciones a eliminar, transformamos la crisis en iniciación. La Sombra emerge no para hundirnos sino para salvarnos de una vida parcial. En sus síntomas aparentemente destructivos yace la semilla de nuestra totalidad, esperando las condiciones propicias para germinar.

Capítulo 18: La Alquimia de la Integración - De Plomo a Oro

En el sótano de una casa victoriana en Zúrich, entre retortas de vidrio y manuscritos medievales, Jung pasaba noches enteras estudiando textos alquímicos que la ciencia moderna había descartado como superstición primitiva. Lo que descubrió no fue la fórmula para transmutar metales, sino algo infinitamente más valioso: el mapa psicológico de la transformación humana. La alquimia, comprendió, nunca había tratado realmente sobre el oro físico, sino sobre la transmutación del alma humana desde su estado más denso y oscuro hasta su expresión más refinada y luminosa.

El proceso alquímico comienza con la Nigredo, la negrura, ese descenso al caos primordial donde toda estructura conocida se disuelve. No es casualidad que los alquimistas describieran esta fase con imágenes de putrefacción, muerte y desmembramiento. Cuando enfrentamos nuestra Sombra genuinamente, experimentamos una muerte psicológica: el ego construido cuidadosamente durante décadas se desmorona, las identidades que creíamos sólidas se revelan como máscaras, las certezas se transforman en preguntas sin respuesta.

Roberto, cirujano de prestigio internacional, entró en su Nigredo a los cincuenta y tres años cuando una negligencia médica resultó en la muerte de un paciente. No fue el error en sí lo que lo destruyó, sino el reconocimiento súbito de su arrogancia oculta, su desprecio inconsciente hacia los pacientes "difíciles", su identificación total con el rol de salvador. Durante meses, Roberto no pudo operar. Pasaba días enteros en su estudio, contemplando sus manos que habían salvado cientos de vidas y tomado una. La depresión que siguió no era patológica sino iniciática: estaba muriendo a su identidad previa para que algo nuevo pudiera nacer.

La Nigredo no puede apresurarse ni evitarse. Como la descomposición del compost que eventualmente nutrirá nueva vida, este proceso tiene su propio tiempo orgánico. Los alquimistas hablaban de la "paciencia de la naturaleza", esa sabiduría que permite que la semilla permanezca en la oscuridad de la tierra el tiempo necesario antes de germinar. En nuestra cultura obsesionada con soluciones rápidas, la Nigredo representa una herejía: la insistencia en que algunas transformaciones requieren atravesar completamente la oscuridad, sin atajos ni bypass espirituales.

Durante la Nigredo, la Sombra emerge con fuerza volcánica. Todo lo reprimido, negado, proyectado, retorna como un tsunami psíquico. Roberto descubrió impulsos sádicos que había sublimado en la precisión quirúrgica, fantasías de poder que se ocultaban tras su vocación sanadora, un desprecio por la debilidad humana que contradecía su juramento hipocrático. Estos descubrimientos no lo convirtieron en monstruo; lo revelaron como humano completo, con toda la complejidad moral que ello implica.

La paradoja fundamental de la integración emerge aquí: no se trata de eliminar estos aspectos oscuros sino de incluirlos conscientemente. La alquimia no busca purificar eliminando impurezas, sino transformar la materia prima incluyendo todos sus componentes. El plomo no desaparece en el proceso de transmutación; su esencia se eleva a una nueva configuración. Del mismo modo, nuestros aspectos sombríos no deben ser erradicados sino metabolizados, transformados en sabiduría y compasión.

Tras la disolución viene la Albedo, el blanqueamiento, esa fase lunar donde emerge una primera claridad después del caos. No es aún la iluminación dorada del sol, sino la luz plateada de la luna que permite navegar en la oscuridad. Roberto comenzó a percibir patrones en su sufrimiento, conexiones entre su arrogancia profesional y el abandono emocional de su padre médico, entre su necesidad compulsiva de salvar vidas y su impotencia infantil ante la enfermedad terminal de su madre.

La Albedo trae consigo una cualidad de distanciamiento reflexivo. Después de estar completamente sumergido en el caos emocional de la Nigredo, el individuo desarrolla capacidad de observar su proceso con cierta objetividad. No es disociación sino lo que los alquimistas llamaban "separación de lo sutil de lo denso": la habilidad de discernir entre reacciones automáticas y respuestas conscientes, entre patrones heredados y elecciones auténticas.

Durante esta fase, Roberto comenzó a escribir. No artículos médicos sino reflexiones personales sobre la herida del sanador, sobre cómo quien cura a otros frecuentemente lo hace desde su propia fragmentación. Descubrió que su perfeccionismo quirúrgico era tanto virtud como defensa, que su distancia emocional con los pacientes los protegía pero también lo protegía a él de confrontar su propia mortalidad. La Albedo le permitió ver estos patrones sin quedar atrapado en ellos.

Es en la Albedo donde ocurre lo que Jung llamaba la "función trascendente": la capacidad de mantener los opuestos en tensión creativa sin resolver prematuramente la paradoja. Roberto aprendió a ser simultáneamente el cirujano competente y el hombre que había fallado, el sanador y el heridor, el profesional distante y el ser humano vulnerable. Esta capacidad de sostener la contradicción sin fragmentarse constituye el verdadero oro alquímico.

La fase final, la Rubedo o enrojecimiento, marca la aurora de una nueva consciencia. El rojo alquímico no es el color de la sangre derramada sino de la vida que pulsa, del sol naciente, de la pasión consciente. Aquí, los opuestos no solo coexisten sino que se revelan como aspectos complementarios de una unidad mayor. La Sombra ya no es el enemigo a vencer sino el maestro que enseña humildad, el guardián del tesoro psíquico, el portal hacia la autenticidad.

Roberto retornó a la cirugía transformado. Sus manos seguían siendo precisas, pero ahora temblaban ligeramente antes de cada operación, no por incompetencia sino por reverencia ante el misterio de la vida y la muerte. Comenzó a pasar más tiempo con sus pacientes antes de las operaciones, no solo explicando procedimientos sino escuchando miedos, compartiendo, cuando era apropiado, su propia vulnerabilidad. Sus colegas notaron que algo había cambiado: el cirujano brillante pero distante se había convertido en un sanador completo.

La integración exitosa no produce santos sino seres humanos completos. Roberto no perdió su capacidad crítica ni su exigencia profesional, pero estas cualidades ahora estaban templadas por la compasión nacida del autoreconocimiento. Su sombra de arrogancia se transformó en autoridad genuina; su sadismo sublimado, en precisión compasiva; su miedo a la muerte, en respeto por el misterio.

Otros casos ilustran variaciones de este proceso alquímico. María, ejecutiva corporativa que había sacrificado toda expresión creativa por el éxito profesional, atravesó su Nigredo cuando un ataque de pánico durante una presentación importante la forzó a confrontar el artista reprimido en su interior. Su proceso alquímico la llevó no a abandonar el mundo corporativo sino a integrarlo con su creatividad: fundó una consultora que utiliza metodologías artísticas para resolver problemas empresariales.

La paradoja central se repite: aceptar la Sombra la transforma. Cuando María finalmente permitió que su "lado caótico y poco profesional" se expresara, descubrió que contenía exactamente la innovación que su carrera necesitaba. Su miedo al desorden creativo ocultaba su mayor fortaleza: la capacidad de navegar la ambigüedad y generar soluciones originales.

Thomas, sacerdote que atravesó una crisis de fe al descubrir sus impulsos sexuales reprimidos, encontró en su proceso alquímico no la justificación para abandonar su vocación sino una comprensión más profunda de la encarnación divina. Su Sombra sexual, una vez integrada conscientemente, no lo llevó al libertinaje sino a una espiritualidad más encarnada, donde lo sagrado y lo corporal no estaban escindidos sino unidos en una danza sagrada.

El proceso alquímico revela que nuestros defectos más profundos contienen las semillas de nuestras mayores virtudes. El avaro descubre que su tacañería oculta un profundo respeto por los recursos; cuando se integra conscientemente, se transforma en administración sabia. El cobarde encuentra que su miedo contiene una sensibilidad exquisita al peligro; integrado, se convierte en prudencia y protección consciente. El promiscuo descubre que su compulsión sexual esconde un anhelo de conexión profunda; transformado, se convierte en capacidad para la intimidad genuina.

Pero la alquimia también advierte sobre los peligros del proceso. Así como los alquimistas hablaban de explosiones en el laboratorio cuando se aplicaba demasiado fuego demasiado rápido, la integración precipitada de la Sombra puede resultar en inflación psíquica o identificación con los aspectos oscuros. Algunos individuos, al descubrir su Sombra, quedan tan fascinados con ella que invierten su personalidad, convirtiendo lo previamente reprimido en su nueva identidad dominante.

La verdadera transmutación requiere lo que los alquimistas llamaban "fuego suave y constante": una atención sostenida pero gentil, una confrontación valiente pero compasiva, una inclusión que no se convierte en indulgencia. El oro alquímico no es la perfección sino la completitud, no la pureza sino la integración, no la santidad sino la humanidad consciente.

El vaso hermético, ese contenedor sellado donde ocurre la transformación alquímica, representa en términos psicológicos el espacio terapéutico, la práctica meditativa, el diario íntimo, la relación consciente: cualquier contenedor suficientemente fuerte para sostener el proceso sin quebrarse bajo la presión. Sin este contenedor, la energía liberada durante la transformación se dispersa caóticamente en lugar de catalizar genuina transmutación.

Los resultados de la integración exitosa son inconfundibles: una presencia que irradia autenticidad sin pretensión, una autoridad que no necesita imponerse, una compasión que incluye la firmeza, una sabiduría que abraza la paradoja. Estos individuos no son perfectos; son reales. No han eliminado su oscuridad; la han metabolizado en luz consciente.

La alquimia de la integración nos enseña que el verdadero oro siempre estuvo presente en el plomo, esperando no ser añadido desde fuera sino revelado desde dentro. Nuestra Sombra, ese plomo psíquico que tanto peso añade a nuestra existencia, contiene el oro de nuestra totalidad. El trabajo no es deshacernos de ella sino atravesar el fuego transformador que revela su verdadera naturaleza. En este fuego, descubrimos que lo que tomamos por maldición era bendición disfrazada, que nuestro mayor defecto ocultaba nuestro don más precioso, que el camino hacia la luz siempre pasó por la integración consciente de nuestra propia oscuridad.

Parte 2 – Encuentro con la Sombra

Ahora el mapa se convierte en territorio. Estos capítulos son herramientas forjadas para el trabajo real: cartografiar tu Sombra personal, decodificar sus mensajes nocturnos, dialogar con ella a través de la imaginación activa. Aprenderás a leer las proyecciones como autobiografías involuntarias, a liberar la Sombra atrapada en tu cuerpo, a darle voz mediante el arte. No son ejercicios abstractos sino tecnologías de transformación probadas en el fuego de la experiencia. Cada práctica es una puerta hacia aspectos exiliados de tu ser. El trabajo es exigente —requiere valentía para mirar lo que has evitado toda tu vida—. Pero en este descenso consciente yace tu oro psicológico: la totalidad que siempre fuiste, esperando ser reclamada.

Capítulo 19: Cartografía Personal - Mapeando Tu Propia Sombra

Un cartógrafo medieval se inclina sobre su mesa de trabajo. Con instrumentos rudimentarios traza las costas desconocidas, marca los territorios inexplorados con la advertencia "Hic sunt dracones" —aquí hay dragones—. No sabe exactamente qué habita esas regiones oscuras del mapa, pero intuye que algo poderoso aguarda. Siglos después, tú te encuentras ante una tarea similar: cartografiar los territorios ocultos de tu psique, esos espacios donde habitan tus propios dragones.

El trabajo con la Sombra requiere valentía, pero sobre todo requiere método. No basta con saber que existe un continente sumergido en nuestro interior; necesitamos instrumentos precisos para explorarlo, técnicas confiables para navegarlo. La cartografía personal es el arte de crear tu propio mapa psíquico, una representación tangible de aquello que permanece velado. Como los antiguos navegantes que trazaban rutas entre estrellas invisibles durante el día, aprenderás a orientarte por señales que solo se revelan cuando prestas la atención adecuada.

Comenzar este proceso puede provocar vértigo. ¿Cómo capturar en papel algo tan esquivo como la Sombra? La respuesta radica en observar no la oscuridad directamente —pues por definición es invisible a nuestra consciencia— sino sus efectos, las ondas que genera en la superficie de nuestra vida cotidiana. Como el astrónomo que deduce la existencia de un planeta invisible por las perturbaciones en la órbita de los cuerpos celestes visibles, rastrearemos la Sombra a través de sus manifestaciones indirectas.

El inventario de irritaciones constituye tu primera herramienta cartográfica. Aquello que nos molesta desproporcionadamente en otros funciona como un espejo invertido de nuestras propias cualidades reprimidas. Piensa en esa persona cuya simple presencia te genera una tensión inexplicable. No es su arrogancia lo que te perturba, sino el reconocimiento inconsciente de tu propia arrogancia negada. El colega que consideras débil por expresar vulnerabilidad refleja tu propia vulnerabilidad enterrada bajo capas de armadura psicológica. Esta técnica de identificación no busca culparte sino liberarte: cada irritación es una coordenada en tu mapa personal.

Para ejecutar este inventario, necesitas establecer un registro sistemático. Durante una semana, anota cada momento en que sientas una reacción emocional intensa hacia alguien. No juzgues la reacción, simplemente regístrala con la precisión de un naturalista observando especímenes. ¿Qué específicamente provocó tu respuesta? ¿Fue un gesto, una palabra, una actitud? Describe la cualidad que percibiste en esa persona con el mayor detalle posible. Al final de la semana, revisa tus anotaciones. Los patrones que emergen son las primeras líneas de tu mapa.

La técnica de identificación de proyecciones personales profundiza este trabajo inicial. Una proyección ocurre cuando atribuimos a otros cualidades que nos pertenecen pero que no podemos reconocer. Es como si lleváramos un proyector interno que constantemente arroja imágenes de nuestro contenido reprimido sobre la pantalla del mundo exterior. Identificar estas proyecciones requiere desarrollar lo que podríamos llamar "visión periférica psicológica": la capacidad de percibir no solo lo que miramos, sino también desde dónde miramos.

Un ejercicio revelador consiste en escribir una descripción detallada de alguien que admiras profundamente y alguien que desprecias intensamente. Usa adjetivos específicos, evita generalidades. Ahora viene la parte desafiante: considera que ambas descripciones son autorretratos. Las cualidades que admiras representan potenciales no desarrollados en tu Sombra dorada; las que desprecias, aspectos rechazados de tu Sombra oscura. Esta no es una verdad absoluta —las personas realmente poseen sus propias cualidades— pero la intensidad de tu respuesta emocional señala material psíquico propio.

Crear tu mapa de Sombra personal requiere síntesis visual. Dibuja un círculo grande en una hoja. Este es tu territorio psíquico conocido, tu ego consciente. Alrededor de este círculo, como islas en un archipiélago, dibuja círculos más pequeños. Cada uno representa un aspecto de tu Sombra identificado a través de los ejercicios anteriores. Algunos estarán más cerca del círculo central —más accesibles a la consciencia—, otros flotarán en la periferia, apenas visibles. Conecta con líneas los aspectos que parecen relacionados. Con el tiempo, este mapa se volverá más detallado, más preciso, un verdadero atlas de tu mundo interior.

El cuestionario de autoevaluación profunda penetra en capas más sutiles. Las preguntas deben diseñarse para sortear las defensas del ego. No preguntes "¿Soy envidioso?" sino "¿En qué situaciones siento que otros tienen ventajas injustas?". No indagues "¿Soy controlador?" sino "¿Qué sucede en mi interior cuando las cosas no salen según lo planeado?". Las respuestas honestas a estas preguntas oblicuas revelan la topografía oculta de tu Sombra.

Considera estas preguntas como puntos de partida: ¿Qué tipo de persona jamás podrías ser amigo? ¿Qué comportamiento te resulta imperdonable en otros? ¿Qué cumplido te incomoda recibir? ¿Qué crítica te duele más allá de lo razonable? ¿En qué situaciones sientes que debes fingir? ¿Qué aspectos de tu personalidad ocultas en citas románticas iniciales? Cada respuesta es una pincelada en el retrato de tu Sombra.

El diario de disparadores representa la práctica sostenida de este trabajo cartográfico. Un disparador es ese momento en que algo externo toca una cuerda interna y genera una respuesta desproporcionada. Puede ser una palabra, un tono de voz, una situación. El diario no busca eliminar estas reacciones sino comprenderlas. Cada disparador es un mensajero de las profundidades, trayendo información valiosa sobre tu estructura psíquica oculta.

La estructura del diario debe ser simple pero consistente. Fecha, hora, descripción del evento disparador, respuesta emocional, respuesta física, pensamientos automáticos, y —esto es crucial— qué edad sentiste tener en ese momento. Muchas veces, nuestros disparadores nos transportan a estados emocionales infantiles, momentos donde se formaron las primeras capas de nuestra Sombra. Reconocer estos "saltos temporales" ilumina el origen histórico de nuestras reacciones presentes.

A medida que acumules datos en tu diario, comenzarás a percibir constelaciones de significado. Ciertos disparadores se agruparán alrededor de temas específicos: autoridad, abandono, competencia, intimidad. Estos temas representan los territorios principales de tu Sombra, las provincias de tu reino interior que han permanecido bajo la niebla de la inconsciencia.

La cartografía personal no es un ejercicio intelectual abstracto. Cada descubrimiento tiene implicaciones prácticas inmediatas. Identificar que proyectas tu creatividad reprimida en artistas que secretamente envidias te abre la puerta a recuperar esa creatividad. Reconocer que tu irritación con personas "débiles" señala tu propia vulnerabilidad negada te permite comenzar a integrar esa suavidad necesaria.

Este trabajo de mapeo requiere paciencia arqueológica. No excavas ruinas antiguas con dinamita sino con pinceles delicados. Cada capa que retiras revela otra más profunda. A veces encontrarás tesoros —talentos y capacidades olvidadas—. Otras veces encontrarás dolor antiguo, cristalizado en patrones defensivos. Todo es valioso, todo es parte del mapa completo de quién eres.

Con el tiempo, tu mapa personal de la Sombra se convertirá en un documento vivo, en constante evolución. Nuevos territorios aparecerán a medida que crezcas y cambies. Aspectos que parecían islas separadas revelarán puentes ocultos que las conectan. Lo que comenzó como un simple diagrama se transformará en una obra de arte compleja, un mandala personal que refleja la totalidad de tu ser.

El verdadero regalo de este trabajo cartográfico no es el mapa en sí, sino la relación transformada contigo mismo que emerge del proceso. Dejas de ser un extraño en tu propia casa psíquica. Los dragones en los bordes del mapa ya no son monstruos amenazantes sino guardianes de tesoros no reclamados. Cada territorio oscuro explorado añade riqueza y profundidad a tu experiencia de estar vivo.

Al final, descubres que el mapa eres tú mismo, que siempre lo fuiste, esperando ser leído por ojos dispuestos a ver.

Capítulo 20: El Trabajo con Sueños - Mensajes del Mundo Subterráneo

Cada noche, cuando cierras los ojos y te entregas al sueño, desciendes a un reino donde las leyes de la física se disuelven y el tiempo pierde su tiranía lineal. En ese territorio nocturno, tu Sombra habla sin censura, revelando verdades que durante el día permanecen enterradas bajo capas de civilización y control consciente. Los sueños son cartas urgentes de tu mundo subterráneo, escritas en un lenguaje simbólico que requiere paciencia y práctica descifrar.

El trabajo con sueños comienza antes de que tu cabeza toque la almohada. Tu mente inconsciente responde a las intenciones conscientes como un jardín responde al jardinero atento. Apaga los dispositivos electrónicos al menos treinta minutos antes de dormir, permitiendo que el ruido mental se asiente como sedimento en agua quieta. Coloca un cuaderno y bolígrafo junto a tu cama, con una pequeña lámpara accesible. Este simple acto envía una señal poderosa a tu psique profunda: estás dispuesto a escuchar.

Formula tu intención con claridad cristalina. Puedes decirlo en voz alta o mantenerlo como un mantra interno: "Esta noche recordaré mis sueños y recibiré mensajes de mi Sombra". Si buscas orientación específica sobre un aspecto particular de tu vida, formula una pregunta simple antes de dormir. La pregunta actúa como un anzuelo que desciende a las aguas profundas del inconsciente, atrayendo respuestas simbólicas durante la noche.

El momento del despertar es crítico. Los sueños se evaporan como rocío matutino bajo el sol de la consciencia. Tienes aproximadamente noventa segundos antes de que los detalles comiencen a difuminarse irremediablemente. Al despertar, permanece inmóvil con los ojos cerrados. El movimiento físico activa el cerebro lógico y disuelve el estado onírico como sal en agua. Desde esa quietud, reconstruye el sueño hacia atrás, comenzando por la última imagen que recuerdes. Los sueños se recuerdan mejor en reversa, como rebobinando una película.

No busques narrativa coherente inmediatamente. Captura fragmentos: palabras clave, emociones, colores, sensaciones. Un rostro sin nombre, una escalera que desciende, la sensación de caer, el color púrpura intenso. Estos fragmentos son las piezas de un rompecabezas que más tarde podrás ensamblar. Si una imagen resiste la traducción verbal, dibújala. Un garabato rápido puede preservar lo que mil palabras no alcanzarían a describir.

Los sueños hablan en metáforas, y tu Sombra raramente aparece como ella misma. Prefiere disfraces elaborados que requieren decodificación cuidadosa. El perseguidor desconocido que te acecha en pesadillas recurrentes representa aspectos rechazados que te "persiguen" pidiendo integración. Las figuras del mismo sexo que despiertan temor o repulsión son proyecciones directas de tu Sombra personal. Los animales salvajes o domésticos que atacan simbolizan instintos reprimidos, especialmente ira o sexualidad negada. Los sótanos, cuevas y aguas oscuras representan los espacios profundos del inconsciente donde habita lo no reconocido.

Para decodificar estos símbolos, interroga cada elemento significativo del sueño. ¿Qué cualidad representa este símbolo? ¿Dónde en mi vida consciente rechazo esta cualidad? ¿Qué pasaría si la integrara de forma saludable? ¿Cómo se manifestó esta cualidad en mi infancia, antes de que aprendiera a reprimirla?

Los personajes de tus sueños son aspectos fragmentados de tu psique, cada uno portando un mensaje específico. Para dialogar con ellos, selecciona el personaje que generó mayor carga emocional. Con ojos cerrados, recrea el escenario del sueño y confronta directamente a esa figura. Pregúntale quién es y qué necesita de ti. Permite que responda espontáneamente, sin censurar lo que emerge. Las respuestas pueden sorprenderte, revelando aspectos de tu Sombra que ni siquiera sospechabas.

Con el tiempo, desarrollarás un diccionario personal de símbolos. Cada lugar recurrente, cada figura arquetípica, cada elemento natural que aparece en tus sueños tiene un significado único para tu psique. Este diccionario evoluciona continuamente, refinándose con cada nuevo sueño que registras y analizas. Lo que el agua significa para ti puede ser completamente diferente de lo que significa para otro soñador.

El trabajo con sueños trasciende la mera interpretación. La verdadera transformación ocurre cuando integras los mensajes oníricos en tu vida consciente, cuando permites que la sabiduría de tu Sombra informe tus decisiones diurnas, cuando honras los aspectos negados que tus sueños revelan noche tras noche.

Capítulo 21: Imaginación Activa - Conversaciones con Tu Sombra

Jung descendió a su propio infierno cuando tenía treinta y ocho años. Durante seis años documentó encuentros con figuras que emergían de las profundidades de su psique: Filemón, el viejo sabio alado; Salomé, la mujer ciega; la serpiente negra que los acompañaba. No eran alucinaciones ni delirios, sino participantes en un drama psíquico que él mismo había convocado conscientemente. Esta técnica, que más tarde llamaría imaginación activa, se convirtió en su método más poderoso para dialogar con la Sombra sin intermediarios.

La imaginación activa difiere radicalmente de la fantasía pasiva o el soñar despierto. Mientras que en estos últimos la mente divaga sin propósito, en la imaginación activa mantienes la consciencia despierta mientras permites que el material inconsciente emerja y tome forma. Es como abrir una puerta entre dos habitaciones de tu casa psíquica y permitir que los habitantes de ambas se encuentren y conversen.

Para preparar el espacio mental seguro, primero debes establecer límites claros. Elige un momento del día cuando no serás interrumpido, preferiblemente la misma hora cada vez que practiques. La regularidad señala al inconsciente que este es un tiempo sagrado de encuentro. Siéntate cómodamente, pero no tanto que te induzcas al sueño. Los ojos pueden estar cerrados o entreabiertos mirando un punto fijo. La postura debe ser digna pero relajada, como si fueras un anfitrión esperando invitados importantes.

El proceso comienza con una invitación. Puedes formular mentalmente una pregunta específica o simplemente declarar tu apertura a recibir lo que necesites ver. Entonces esperas, manteniendo una actitud de expectativa relajada. No fuerzas nada; permites que las imágenes surjan por sí mismas. Pueden aparecer como figuras, paisajes, animales, o incluso como sensaciones abstractas que gradualmente toman forma.

Cuando algo emerge, tu papel es observar sin interferir inicialmente. Mira cómo se mueve la figura, qué hace, hacia dónde se dirige. Una vez que la imagen se estabiliza, puedes comenzar la interacción. Pregunta su nombre, su propósito, qué mensaje trae. La clave está en mantener una actitud de respeto genuino hacia estas manifestaciones de tu psique profunda. No son meras proyecciones vacías; son aspectos autónomos de tu totalidad psíquica con su propia sabiduría y perspectiva.

El diálogo debe desarrollarse naturalmente, sin forzar respuestas preconcebidas. Si una figura de tu Sombra aparece como un mendigo harapiento, no intentes vestirlo inmediatamente con ropas finas. Pregúntale por qué está en ese estado, qué necesita, qué ha venido a enseñarte. Las respuestas pueden sorprenderte, incluso perturbarte. Una mujer que practicaba esta técnica encontró a una niña furiosa en su interior que le gritaba por haberla abandonado. Al dialogar con ella, descubrió que había reprimido su espontaneidad y alegría infantil para parecer "profesional" y "madura".

Las precauciones son esenciales en este trabajo. Nunca practiques imaginación activa si estás emocionalmente desestabilizado o si tienes historia de condiciones psicóticas. La técnica abre canales profundos del inconsciente y puede ser abrumadora sin la preparación adecuada. Si durante la práctica emergen contenidos que te generan pánico o desorientación severa, abre los ojos inmediatamente y regresa tu atención al entorno físico. Toca objetos concretos, nombra lo que ves en la habitación, conecta con tu respiración.

Las señales de alerta incluyen: pérdida del sentido de identidad, incapacidad para distinguir entre la imaginación y la realidad externa, impulsos destructivos intensos, o la sensación de ser completamente poseído por las figuras internas. Si experimentas alguno de estos síntomas, suspende la práctica y busca orientación profesional. La imaginación activa es poderosa precisamente porque accede a fuerzas psíquicas reales; debe tratarse con el mismo respeto que darías a cualquier fuerza natural potente.

El registro de las sesiones es crucial para el procesamiento posterior. Inmediatamente después de cada sesión, documenta todo lo que recuerdes: las figuras que aparecieron, los diálogos exactos, las emociones que surgieron, cualquier símbolo o imagen significativa. No interpretes mientras escribes; simplemente registra. La interpretación viene después, cuando puedes revisar el material con cierta distancia emocional.

Con el tiempo, notarás que ciertas figuras se vuelven recurrentes. Pueden evolucionar, cambiar de forma, o revelar aspectos más profundos de sí mismas. Un hombre ejecutivo descubrió a un guerrero salvaje en su interior que inicialmente lo aterrorizaba. A través de meses de diálogo, el guerrero reveló ser el guardián de su vitalidad y pasión reprimidas. Al integrarlo conscientemente, el hombre recuperó una energía que había perdido años atrás.

La imaginación activa no es escapismo ni entretenimiento psicológico. Es un trabajo serio de integración psíquica que puede catalizar transformaciones profundas. Cada conversación con tu Sombra es un paso hacia la totalidad, un acto de reconciliación con las partes exiliadas de tu ser que claman por reconocimiento y expresión consciente.

Capítulo 22: El Espejo Humano - Trabajando con las Proyecciones

Los otros son espejos encharcados donde vemos reflejado aquello que no podemos ver directamente en nosotros mismos. Cada persona que cruza tu camino lleva en su rostro un fragmento de tu Sombra, especialmente aquellas que despiertan en ti emociones intensas e inexplicables. El mundo entero conspira para mostrarte quién eres realmente, utilizando a cada ser humano como superficie reflectante donde proyectas los aspectos negados de tu totalidad.

El ejercicio del espejo comienza con una observación simple pero perturbadora: aquello que más criticas en otros es precisamente lo que no puedes aceptar en ti mismo. La mujer que desprecia la vanidad ajena esconde su propio narcisismo herido. El hombre que ataca la debilidad en otros entierra su propia vulnerabilidad bajo capas de falsa fortaleza. Esta no es una teoría abstracta sino una ley psicológica tan precisa como las leyes de la óptica.

Para trabajar con este fenómeno, toma una hoja y divide dos columnas. En la primera, anota cinco personas que te irritan profundamente y qué específicamente te molesta de cada una. En la segunda columna, escribe cinco personas que admiras intensamente y qué cualidades específicas despiertan tu admiración. Ahora viene la revelación: ambas listas son autorretratos. Las cualidades que rechazas forman tu Sombra oscura; las que admiras, tu Sombra dorada, ese potencial no desarrollado que proyectas en otros en lugar de reclamarlo para ti mismo.

La técnica de recuperación de proyecciones requiere valentía psicológica. Cuando sientas una carga emocional desproporcionada hacia alguien, detente y formula la pregunta fundamental: "¿Qué parte de mí veo en esta persona?". No busques la respuesta con la mente; deja que emerja desde las profundidades. A menudo, la primera reacción será negación vehemente. Precisamente esa intensidad de rechazo señala que has tocado material de Sombra genuino.

Un ejecutivo que participaba en este trabajo descubrió que su desprecio hacia un colega "manipulador" ocultaba su propia capacidad de manipulación, que había enterrado para mantener su autoimagen de hombre íntegro. Al recuperar esta proyección, no solo disminuyó su animosidad hacia el colega, sino que pudo reconocer y transformar sus propias tendencias manipuladoras sutiles.

El trabajo con parejas como espejos mutuos alcanza profundidades extraordinarias. Las parejas románticas funcionan como sistemas de proyección mutua perfectamente sincronizados. Cada uno porta para el otro exactamente aquellos aspectos que el otro no puede integrar. Por eso las cualidades que inicialmente nos atraen de nuestra pareja eventualmente se convierten en fuentes de conflicto. La espontaneidad que admirabas se transforma en irresponsabilidad; la estabilidad que valorabas se vuelve rigidez.

Para trabajar esto en pareja, siéntense frente a frente y túrnense para completar estas frases: "Lo que más me molesta de ti es...", seguido de "Y eso me muestra que yo...". La primera persona podría decir: "Lo que más me molesta de ti es tu desorden, y eso me muestra que yo tengo miedo de perder el control". Este ejercicio requiere un contenedor de seguridad emocional absoluta y el compromiso de no usar las revelaciones como armas posteriormente.

Los grupos de trabajo de Sombra multiplican exponencialmente las oportunidades de ver nuestras proyecciones. En un grupo, cada participante se convierte en pantalla de proyección para todos los demás. Las dinámicas que emergen revelan patrones de Sombra con claridad cristalina. Alguien siempre asumirá el rol del rebelde, otro el del complaciente, otro el del sabio, reflejando aspectos que cada miembro del grupo necesita integrar.

La estructura óptima para estos grupos incluye entre seis y ocho participantes que se reúnen regularmente, idealmente cada dos semanas. Establecen acuerdos de confidencialidad absoluta y el compromiso de hablar desde la experiencia personal, no desde la teoría. Cuando alguien siente una reacción fuerte hacia otro miembro, en lugar de actuar desde esa reacción, la comparte como material de trabajo: "Cuando haces X, siento Y, y eso me muestra Z sobre mí mismo".

La comunicación no violenta aplicada a la Sombra transforma los conflictos en oportunidades de integración. En lugar de decir "Eres egoísta", dices "Cuando no me preguntas mi opinión, me siento invisible, y eso me conecta con mi propia dificultad para valorar mis necesidades". Este cambio de enfoque desde la acusación hacia la autoindagación despotencializa el conflicto y facilita el crecimiento mutuo.

La práctica requiere cuatro pasos: observación sin evaluación, identificación del sentimiento, reconocimiento de la necesidad subyacente, y petición específica. Pero añadimos un quinto paso crucial: identificar qué aspecto de tu Sombra se activó. Este paso adicional convierte cada interacción conflictiva en una oportunidad de autoconocimiento.

Una terapeuta que aplicaba esta técnica con su hijo adolescente descubrió que su enojo ante la "rebeldía" del joven ocultaba su propia rebeldía reprimida. Había sido una "niña buena" toda su vida, y ver a su hijo expresar libremente su desacuerdo activaba su Sombra rebelde no integrada. Al reconocer esto, pudo responder desde un lugar de comprensión en lugar de reactividad.

El espejo humano nunca miente, aunque a menudo preferimos no mirar. Cada persona que encuentras es un regalo del universo, mostrándote aspectos de ti mismo que necesitas ver. Los que más te irritan son tus maestros más valiosos; los que más admiras, tus guías hacia tu potencial no realizado. Cuando aprendes a leer estos reflejos correctamente, el mundo entero se convierte en tu terapeuta, constantemente revelándote quién eres y quién podrías llegar a ser.

Capítulo 23: La Sombra Profesional – El Yo que Vendemos

El elevador se cierra y te transformas. Entre el lobby y tu piso de oficina ocurre una metamorfosis invisible: la voz cambia de registro, la postura se ajusta, ciertos gestos se apagan y otros se activan. No es simple profesionalismo; es una cirugía psíquica cotidiana en la que amputas fragmentos de ti para encajar en el molde corporativo. Lo que dejas en el vestidor cada mañana constituye tu **sombra profesional**: aquello que tu industria, tu rol o tu empresa han declarado incompatible con el éxito.

Cada profesión cultiva sus propias sombras. El médico entierra su vulnerabilidad porque los pacientes necesitan certeza. La maestra reprime su impaciencia porque los niños requieren paciencia infinita. El abogado silencia su compasión porque el sistema adversarial premia la agresión. El vendedor minimiza su honestidad porque las cuotas exigen exageración. Con los años, estas micro-traiciones acumulan una sombra tan densa que muchos olvidan quiénes eran antes de su primer día de trabajo.

Ejercicio 1: El inventario de lo prohibido

Haz una lista de diez comportamientos, emociones o expresiones que jamás mostrarías en el trabajo. No lo obvio o sancionado, sino lo que "simplemente no se hace". ¿Llorar en una reunión? ¿Admitir ignorancia? ¿Mostrar aburrimiento? Cada ítem revela un fragmento de tu sombra profesional. Luego pregúntate: *¿qué precio psicológico pago por ocultar estos aspectos ocho horas al día?*

Ejercicio 2: El colega espejo

Piensa en el compañero que más te irrita. Describe con precisión qué conductas te molestan: ¿su desorganización? ¿su obsesión por los detalles? ¿su hambre de reconocimiento? La revelación: esa persona encarna tu sombra profesional. Si su caos te desespera, revisa dónde sobrecontrolas. Si su ambición te disgusta, busca tu ambición enterrada.

Ejercicio 3: El rol invertido

Durante una semana, registra cada instante en que sientas que "actúas" en el trabajo. No se trata de grandes fingimientos, sino de minúsculas puestas en escena: la risa forzada ante el chiste del jefe, el entusiasmo impostado en la reunión, la calma artificial en medio del caos. Cada actuación marca una brecha entre tu ser auténtico y tu personaje profesional. Allí habita tu sombra.

Ejercicio 4: La entrevista sombra

Imagina que entrevistas para tu puesto actual, pero respondes con honestidad brutal:

- "¿Por qué quieres este trabajo?" — "Necesito pagar deudas y temo no encontrar algo mejor."

- "¿Cuál es tu mayor fortaleza?" — "Aparentar competencia mientras googleo frenéticamente."

Estas respuestas revelan verdades que tu yo profesional jamás admitiría, pero que alimentan tu sombra.

Ejercicio 5: El organigrama emocional

Dibuja el organigrama de tu empresa, pero en lugar de títulos escribe qué emoción proyectas en cada persona: ¿miedo hacia tu jefe? ¿desprecio hacia subordinados? ¿envidia hacia pares exitosos? Ese mapa expone cómo distribuyes tu sombra en el ecosistema laboral.

Integrar la sombra profesional no implica convertir la oficina en terapia grupal, sino reconocer qué aspectos de ti quedan aparcados cada mañana y cuestionar si esa escisión es inevitable o simplemente costumbre. Algunas máscaras son adaptaciones legítimas; otras, prisiones autoimpuestas.

Un director creativo descubrió que su bloqueo no era falta de ideas, sino miedo a proponer conceptos "no corporativos". Permitirse lanzar una idea absurda, incluso en broma, liberó su creatividad secuestrada. Una contadora comprendió que su obsesión meticulosa ocultaba a una artista frustrada que compensaba con perfección numérica lo que no podía expresar con colores.

El trabajo no tiene por qué ser el cementerio de tu autenticidad, pero tampoco el escenario de una autoexpresión sin filtros. La maestría consiste en elegir conscientemente qué aspectos modular, sin perder contacto con tu totalidad. Reconocer tu sombra profesional libera la energía psíquica que gastabas en reprimirla y te permite invertirla en contribución genuina. El resultado no es un empleado rebelde, sino un profesional íntegro, que aporta desde su humanidad completa y no solo desde un fragmento aprobado por la corporación.

Capítulo 24: Movimiento y Cuerpo - La Sombra Somática

Tu cuerpo nunca miente. Mientras tu mente elabora historias sofisticadas para justificar lo injustificable, tu carne mantiene un registro impecable de cada emoción reprimida, cada impulso negado, cada aspecto de tu Sombra que has intentado enterrar. Las tensiones crónicas en tus hombros no son casuales; son el peso de responsabilidades que nunca quisiste cargar. Ese nudo perpetuo en tu estómago no es simple ansiedad; es tu intuición gritando verdades que tu mente consciente rechaza escuchar.

La Sombra vive en el cuerpo como contracción muscular crónica, como zonas de entumecimiento, como patrones de respiración restringida. Wilhelm Reich cartografió esta geografía corporal del inconsciente, descubriendo que cada segmento del cuerpo alberga emociones específicas reprimidas. La mandíbula apretada guarda la ira no expresada. El pecho hundido protege un corazón que aprendió temprano que amar era peligroso. Las caderas rígidas congelan la sexualidad y la vitalidad creativa que alguna vez fueron juzgadas inapropiadas.

Para localizar dónde habita tu Sombra somática, realiza un escaneo corporal consciente. Acuéstate y lleva tu atención lentamente desde la coronilla hasta los pies. Nota dónde encuentras tensión, dolor, entumecimiento o cualquier sensación inusual. Estas zonas son mapas del tesoro que señalan material de Sombra enterrado. Una mujer descubrió que el dolor crónico en su garganta guardaba décadas de palabras no dichas, verdades que había tragado para mantener la paz familiar.

Los ejercicios de movimiento expresivo liberan lo que las palabras no pueden alcanzar. Comienza con sacudidas simples: párate con los pies separados al ancho de las caderas y comienza a sacudir suavemente todo tu cuerpo. Deja que la vibración se intensifique gradualmente, permitiendo que cada parte de ti participe. Esta práctica, utilizada en tradiciones chamánicas durante milenios, literalmente sacude las emociones estancadas de los tejidos. Después de cinco minutos de sacudida vigorosa, detente abruptamente y permanece inmóvil. En esa quietud súbita, observa qué emociones emergen, qué memorias se liberan.

La danza de la Sombra trasciende la técnica formal. Cierra las cortinas, apaga las luces dejando solo una vela o luz tenue, y pon música que resuene con tu estado emocional actual. Ahora muévete como tu Sombra quiere moverse. Si siempre has sido controlado y medido, deja que tu cuerpo se vuelva salvaje y caótico. Si has sido complaciente y suave, encuentra movimientos cortantes y agresivos. No es una representación; es una encarnación. Un ejecutivo que practicaba esta técnica descubrió en su danza un guerrero feroz que había enterrado bajo décadas de comportamiento corporativo apropiado.

La respiración es el puente entre consciente e inconsciente, entre cuerpo y psique. Las tensiones de Sombra siempre implican patrones de respiración restringida. Para liberar estas tensiones, practica la respiración circular conectada: inhala profundamente por la nariz, luego exhala inmediatamente por la boca sin pausa entre inhalación y exhalación. Mantén este ciclo continuo durante diez minutos. Esta práctica puede provocar sensaciones intensas: hormigueo, calor, frío, incluso emociones abrumadoras. Son señales de que la energía estancada está moviéndose, que la Sombra somática está siendo liberada.

El teatro y el juego de roles corporal ofrecen formas seguras de encarnar aspectos de Sombra. Elige una cualidad que hayas reprimido: poder, vulnerabilidad, sensualidad, agresividad. Ahora créate un personaje que encarne completamente esa cualidad. Vístete como ese personaje si es posible. Muévete por tu espacio como él o ella se movería. Habla con su voz. Come una comida como ese personaje comería. Esta práctica de encarnación consciente permite que aspectos de Sombra se expresen de forma controlada y creativa.

Una técnica particularmente poderosa involucra dialogar con partes específicas del cuerpo. Si tu hombro derecho siempre está tenso, siéntate frente a un espejo y habla directamente con él. Pregúntale qué está cargando, qué necesita decirte, qué emoción está guardando para ti. Luego cambia de posición y responde como si fueras el hombro. Este diálogo somático puede revelar conexiones sorprendentes entre síntomas físicos y material de Sombra.

El movimiento auténtico, desarrollado por Mary Whitehouse, permite que el cuerpo se mueva desde impulsos internos sin dirección consciente. Con los ojos cerrados, espera hasta sentir un impulso genuino de movimiento, luego síguelo sin juzgar o dirigir. Puede ser un giro de cabeza, un alcance con el brazo, un colapso al suelo. Cada movimiento emerge del inconsciente somático, revelando la narrativa corporal de tu Sombra.

Tu cuerpo es el archivo viviente de tu historia psíquica completa. Cada músculo contraído, cada zona entumecida, cada patrón de movimiento restringido cuenta la historia de algún aspecto de ti que fue juzgado inaceptable y desterrado a la Sombra. Al trabajar directamente con el cuerpo a través del movimiento, la respiración y la expresión somática, accedes a un lenguaje anterior a las palabras, más honesto que el pensamiento, más directo que cualquier análisis psicológico. La liberación que ocurre cuando la Sombra somática finalmente se expresa no es solo psicológica; es una resurrección celular, una remembranza corporal de tu totalidad olvidada.

Capítulo 25: Arte y Creatividad - Expresando lo Inexpresable

El arte nace donde el lenguaje muere. En ese espacio liminal entre lo consciente y lo inconsciente, donde las palabras se vuelven inadecuadas para capturar la complejidad de nuestra experiencia interna, emergen los colores, las formas, los sonidos que revelan nuestra Sombra con una honestidad brutal que el intelecto jamás alcanzaría.

La pintura intuitiva de la Sombra comienza con el abandono del control. Prepara grandes hojas de papel, pinturas acrílicas o acuarelas, y desconecta tu mente crítica. Elige colores que te repugnen o te atraigan intensamente; ambos señalan material de Sombra. Con la mano no dominante, comienza a pintar sin plan ni objetivo estético. Deja que tu mano se mueva como quiera, que los colores se mezclen caóticamente. Lo que emerge no será "arte" en el sentido convencional, sino un mapa psíquico de tu mundo interior. Una mujer descubrió en sus pinturas repetidos vórtices negros que eventualmente reconoció como la depresión no diagnosticada de su madre, que había absorbido inconscientemente.

La escritura automática funciona como un bypass del censor interno. Siéntate con papel y pluma, formula una pregunta a tu Sombra: "¿Qué no quiero ver sobre mí mismo?" Entonces escribe sin parar durante veinte minutos, sin levantar la pluma del papel, sin corregir, sin pensar. Si te quedas en blanco, escribe "no sé qué escribir" hasta que algo más emerja. Este flujo de consciencia sin filtrar revela patrones de pensamiento, miedos ocultos, deseos prohibidos que tu mente consciente normalmente bloquearía.

El collage representa perfectamente la naturaleza fragmentada de la Sombra. Reúne revistas viejas, fotografías, materiales diversos. Sin plan previo, recorta imágenes que te provoquen cualquier reacción emocional. Ahora organízalas intuitivamente sobre un lienzo. El resultado será un retrato visual de tu psique fragmentada. Un hombre creó un collage donde inconscientemente había colocado todas las imágenes de poder y éxito bajo imágenes de cadenas y jaulas, revelando su miedo profundo al éxito que saboteaba constantemente su carrera.

La música y el sonido dan voz literal a lo silenciado. No necesitas ser músico; usa tu voz, objetos cotidianos, instrumentos simples. Cierra los ojos y deja que tu Sombra cante, grite, susurre, gema. Graba estos sonidos sin juzgarlos. Una terapeuta que practicaba esta técnica descubrió que su Sombra "sonaba" como un animal herido, revelando el dolor primario que había enterrado bajo años de competencia profesional.

La fotografía de Sombra requiere valentía particular: fotografiarte cuando nadie te ve, en tus momentos menos "presentables". Captura tu rostro sin máscaras, tu cuerpo sin poses, tus espacios privados sin orden. Estas imágenes honestas confrontan la discrepancia entre tu persona pública y tu realidad privada. No las compartas; son espejos privados de tu verdad no editada.

Cada medio artístico ofrece un lenguaje diferente para dialogar con la Sombra. La arcilla permite moldear físicamente tus demonios internos. La danza improvisada encarna cualidades reprimidas. El teatro de máscaras permite que aspectos ocultos tomen forma y voz. No importa la calidad artística del resultado; lo que importa es el proceso de dar forma externa a lo interno, de hacer visible lo invisible.

El arte como práctica de Sombra no busca crear obras maestras sino liberar lo reprimido. Es arqueología psíquica usando pinceles en lugar de palas, notas musicales en lugar de mapas. Cada creación es una confesión sin palabras, una revelación sin explicación, un encuentro con aspectos de ti mismo que solo pueden emerger cuando abandonas la pretensión de coherencia y te entregas al caos creativo de tu totalidad no censurada.

Capítulo 26: Rituales de Integración - Ceremonias Personales

El ritual marca el paso de un estado de consciencia a otro. Desde los albores de la humanidad, hemos utilizado ceremonias para señalar transformaciones internas que de otro modo permanecerían invisibles. El trabajo con la Sombra requiere sus propios rituales, no heredados de tradiciones antiguas sino creados desde la autenticidad de tu proceso personal, diseñados para honrar el encuentro con lo negado y celebrar su integración.

Crear tu propio ritual de encuentro comienza con la intención clara. Define qué aspecto de tu Sombra estás preparado para confrontar. Elige un momento liminal: el amanecer, el crepúsculo, la luna nueva, momentos donde los mundos se tocan. Prepara un espacio sagrado, no necesariamente religioso, sino apartado de lo cotidiano. Puede ser un rincón de tu habitación transformado con velas y telas, un claro en el bosque, una azotea bajo las estrellas. El espacio físico señala a tu psique que algo significativo está por ocurrir.

Los elementos del ritual deben resonar con tu simbolismo personal. Si vas a trabajar con tu ira reprimida, quizás incluyas fuego; si es tristeza no llorada, agua. Crea un altar temporal con objetos que representen tanto tu persona consciente como el aspecto de Sombra que invocas. Una fotografía tuya sonriendo junto a un objeto que simbolice lo que has negado: una piedra negra para la dureza, una pluma para la ligereza que rechazas, un espejo roto para la fragmentación interna.

El ritual de perdón a la Sombra reconoce que lo que reprimimos originalmente tenía una función protectora. Escribe una carta a tu Sombra agradeciéndole por intentar protegerte, reconociendo el costo de mantenerla exiliada, y ofreciendo perdón mutuo. Quema la carta ceremonialmente, dejando que el humo lleve tu intención de reconciliación. Las cenizas pueden enterrarse como símbolo de transformación o esparcirse al viento como liberación.

La ceremonia de recuperación de poder se centra en reclamar la energía psíquica atrapada en la represión. Visualiza tu Sombra como una figura ante ti. Observa cómo hilos dorados de energía fluyen desde tu plexo solar hacia ella, alimentándola con tu fuerza vital. En el ritual, cortas conscientemente estos hilos con un gesto simbólico, reclamando tu poder. Inmediatamente después, ofreces a tu Sombra un nuevo lugar en tu psique, no como parásito sino como aliado integrado.

Los rituales de transición marcan el paso de un estado psicológico a otro. Cruza físicamente un umbral: una puerta, un puente, un arroyo. Al cruzar, deja simbólicamente atrás tu identidad antigua y abraza la nueva que incluye tu Sombra integrada. Puedes cambiar algún elemento de tu apariencia, reorganizar tu espacio vital, o adoptar una nueva práctica diaria que honre esta transformación.

El uso de elementos simbólicos y arquetipos enriquece el ritual. El fuego transforma, el agua purifica, la tierra enraíza, el aire libera. Los arquetipos universales —el guerrero, el sabio, el amante, el mago— pueden invocarse como aliados en tu proceso. No se trata de creer literalmente en su existencia externa, sino de activar estas energías psíquicas dentro de ti.

El ritual no es teatro vacío sino tecnología psicológica. Al crear ceremonia alrededor de tu trabajo interno, das peso y realidad a transformaciones invisibles. El ritual dice a tu inconsciente: "Esto importa. Esto es real. Algo fundamental está cambiando". Sin ritual, la integración de la Sombra permanece abstracta, intelectual. Con él, se vuelve encarnada, vivida, irreversible.

Epílogo: El Regreso

Has descendido a tus propias profundidades y has regresado. No eres la misma persona que abrió este libro. Entre estas páginas has confrontado aspectos de ti mismo que quizás llevaban décadas en el exilio. Has visto tu rostro reflejado en los espejos más incómodos. Has reconocido tus proyecciones, has dialogado con tus sueños, has dado forma a lo informe a través del arte y el movimiento. El trabajo está lejos de terminar —la integración de la Sombra es la labor de toda una vida— pero algo fundamental ha cambiado: ya no puedes fingir que no sabes.

El conocimiento de la Sombra es irreversible. Una vez que has visto los hilos que conectan tu irritación con tu represión, tu admiración con tu potencial no desarrollado, tu amor con tu proyección, no puedes destejer esa comprensión. Esto es tanto una bendición como una responsabilidad. Bendición porque cada conflicto se convierte en oportunidad de autoconocimiento. Responsabilidad porque ya no puedes culpar a otros por lo que claramente te pertenece.

Jung nunca prometió que el trabajo con la Sombra conduciría a la felicidad. Prometió algo más valioso: autenticidad. La persona que integra su Sombra no se vuelve perfecta; se vuelve real. No elimina sus contradicciones; aprende a habitarlas. No trasciende su humanidad; la abraza en su totalidad compleja y paradójica.

El mundo necesita desesperadamente personas que hayan hecho este trabajo. Cada proyección retirada reduce la carga de hostilidad flotante en el campo colectivo. Cada Sombra integrada es una fuente menos de violencia inconsciente en el tejido social. En una época de polarización extrema, donde grupos enteros proyectan sus demonios sobre otros, tu trabajo personal se convierte en acto político, en servicio a la consciencia colectiva.

Pero más allá del impacto social, está la simple y profunda verdad de vivir una vida completa. De no llegar al final de tus días preguntándote quién hubieras sido si te hubieras atrevido. De experimentar el espectro completo de tu humanidad: tu luz y tu oscuridad, tu fortaleza y tu fragilidad, tu genio y tu torpeza, todo integrado en una sinfonía compleja pero coherente.

La Sombra que una vez temiste se ha revelado como tu maestra más sabia. Los dragones en los bordes del mapa resultaron ser guardianes de tesoros. El descenso al inframundo personal ha culminado, como en todos los mitos de transformación, con el regreso portando dones para ti mismo y para el mundo.

El trabajo continúa. La Sombra seguirá revelándose en capas cada vez más sutiles. Pero ahora tienes el mapa, las herramientas, y sobre todo, el coraje probado de mirar directamente a tu propia oscuridad y reconocerla como parte inseparable de tu luz.

Fin

Adrian Claro

www.ingramcontent.com/pod-product-compliance
Lightning Source LLC
Chambersburg PA
CBHW060522100426
42743CB00009B/1408